Por qué
ME ENCANTA
ser
CATÓLICO

EMBAJADORES CATÓLICOS DINÁMICOS COMPARTEN
SUS **ESPERANZAS** Y **SUEÑOS** PARA EL FUTURO

Por qué ME ENCANTA ser CATÓLICO

PRÓLOGO DE
MATTHEW KELLY

WELLSPRING
North Palm Beach, Florida

wellspring

Diseño de Madeline Harris

ISBN 978-1-63582-101-7 (softcover)

Para obtener más información sobre este título u otros libros y CD
disponibles a través del Programa del Libro Católico Dinámico,
visite www.DynamicCatholic.com.

The Dynamic Catholic Institute
5081 Olympic Blvd • Erlanger • Kentucky • 41018
Teléfono: 1–859–980–7900
Correo electrónico: info@DynamicCatholic.com

10 9 8 7 6 5 4 3 2 1

Impreso en los Estados Unidos de América

Contenido

Prólogo

Matthew Kelly

Las personas me preguntan a menudo a quién admiro, quiénes son mis héroes, quiénes me inspiran y otros tipos de estas preguntas. Siempre están decepcionados con mi respuesta. Esperan que no dude en nombrar a gente que todos conocen. Nunca lo hago.

Mis héroes son las personas que han contribuido a este pequeño volumen, y millones más como ellos. El mero hecho de que hayas tomado este libro sugiere que eres uno de ellos.

Mis héroes son gente corriente, gente que busca vivir su vida breve con integridad y fe. Tienen sueños para ellos mismos, sus familias, su iglesia y la sociedad. Y se toman muy en serio el mejoramiento de sí mismos, de sus familias, de su iglesia y de la sociedad.

Mis héroes trabajan duro para mantener a sus familias. Son voluntarios en sus parroquias. Hacen lo que pueden, con lo que tienen, allí donde están, para traer un poco más de luz a su rincón del mundo. Son amantes de un Dios que a veces se siente cercano, otras veces parece lejano e indiferente, y a menudo parece escurridizo.

Mis héroes conocen sus limitaciones. Se han enfrentado cara a cara con sus propias insuficiencias, y conocen mejor sus faltas y defectos que la mayoría de las personas.

Mis héroes tienen un conjunto común de valores que los hacen mejores personas. Y aunque no alcanzan estos valores a diario, se despiertan a la mañana siguiente, abandonan sus malos hábitos y se esfuerzan de nuevo.

Mis héroes tienen problemas de dinero, matrimoniales y familiares. Se esfuerzan por ser los mejores padres que pueden ser. Luchan contra la adicción, los problemas de salud, y a menudo se preguntan si están en el buen camino profesional. Aparecen y siguen apareciendo en todos los aspectos de la vida a pesar de sus deficiencias e incertidumbres.

Mis héroes saben que la vida es difícil. Ellos conocen los altibajos, las alegrías y las penas, pero se despiertan cada mañana esperando lo mejor y trabajando para hacer del mundo un lugar mejor para mis hijos y los suyos.

Estos son mis héroes. Me hacen querer ser una mejor persona.

La calidad de vida de una persona se mide fácilmente por la calidad de las personas en su vida. He sido bendecido de muchas maneras en esta vida. Las personas que me han rodeado han jugado un papel importante en la bendición de mi vida.

Una de las muchas, muchas razones por las que me encanta ser católico es que ha sido en el contexto de nuestra fe que Dios me ha rodeado de personas como ustedes.

Hay tantas otras cosas que podría haber escrito para dar comienzo a este libro. El catolicismo es rico en historia y misterio, pero es la gente y nuestra humanidad en común lo que más me inspira en este momento.

Así que, quienquiera que seas, dondequiera que estés, sigue haciendo lo que puedas, donde estés, con lo que tengas. Viértete en su parroquia, viértete en algún ministerio, dedícate a tu propio crecimiento espiritual, y recordemos juntos a millones de personas los millones de razones que existen para amar el hecho de ser católicos.

Uno

¿Por qué te gusta ser católico?

Siento una paz muy profunda cuando voy a misa. Apenas cruzo las puertas de la iglesia, puedo sentir que el amor de Dios envuelve mi ser interior. Es una mezcla de alegría y paz que no puedo expresar con palabras. Cuando me arrodillo para hablar con mi Padre celestial sobre mi semana y decirle que me siento muy agradecida de que nunca se haya apartado de mi lado ni por un segundo, puedo contarle todos mis problemas y saber que Él escucha cada una de mis palabras. Soy lectora en nuestra iglesia y leí las lecturas de la noche anterior para comenzar a imaginar qué mensaje me está transmitiendo Dios en las Escrituras. Voy a misa treinta minutos antes para calmarme, pero no importa, mi corazón comienza a latir rápido. Sé que es porque estoy muy emocionada por estarme preparando para transmitir un mensaje muy importante a mis hermanos y hermanas. Hay una vocecita dentro de mí que dice: «Estoy contigo, y tú puedes hacerlo». Me encanta ser católica porque hay muchas maneras de demostrar mi amor por los enfermos, las personas sin hogar y los moribundos. Pero, sobre todo, es saber que estoy haciendo todas estas cosas como Dios quisiera.

—*Wanda Jackson*

¡El catolicismo tiene sentido!

—*Mary Elizabeth Carrizales*

En julio de 2008, asistí a un Cursillo de retiro. Durante el retiro de tres días, experimenté un profundo cambio de mente y corazón, y por primera vez desde mi infancia, me enamoré nuevamente del catolicismo. Me encanta la manera como Dios me hace consciente de sus dones y me desafía a usarlos para ayudar a otros.

—*Pat Ahearn*

En un momento de mi vida, me sentí muy confundida y embrollada, y dejé la Iglesia católica por un tiempo. Pero con la ayuda de algunos amigos católicos muy dedicados que oraron por mí, me instruyeron y me amaron nuevamente en la Iglesia, y estoy aquí para quedarme. Como me dijo una vez un sacerdote: «Solías tener la fe católica de tu madre, pero ahora lo has hecho por tu cuenta».

—*Connie Beckman*

Una de las razones por las que me encanta ser católica es que cuando me sumerjo en los tesoros de nuestra fe, se crea un hambre insaciable, un profundo anhelo de acercarme al Señor.

—*Lynn Marion*

Me crie en la Iglesia luterana. Cuando tenía tres años, nos mudamos a un pueblo del oeste de Kansas que había sido poblado por católicos alemanes del Volga. La zona tiene algunas de las catedrales católicas más hermosas de América. La mayoría de mis amigos y compañeros de clase eran católicos. Sin embargo, mi familia no entendía la fe católica, así que nos burlamos de los «comedores de peces».

En mis años de la escuela secundaria, comencé a salir con la chica que ahora es mi esposa y el amor de mi vida. Ella nació, creció y se educó en la fe católica. Los miembros de su familia, inmediata y extendida, son todos católicos, y algunas de las personas más amables que he conocido. A medida que pasaba más tiempo con su familia, una canción de mi escuela dominical luterana seguía acudiendo a mis pensamientos: «Sabrán que somos cristianos por nuestro amor». Esto definió a la familia de mi esposa y su filosofía de vida. A medida que nuestro amor creció, mi abuela me hizo un comentario: «Susie es una chica muy agradable; lástima que sea católica». Le informé que nos casaríamos y que la boda sería en la Iglesia católica. Ella frunció el ceño y dijo que no asistiría, pero de todos modos lo hizo.

Mientras estábamos en nuestras clases de preparación matrimonial, le pregunté al sacerdote si necesitaba unirme a la Iglesia para poder casarme con esta chica. Él respondió: «No, pero creemos que la familia siempre es más fuerte cuando ambos padres pertenecen a la Iglesia».

Prometí unirme a la Iglesia cuando comenzáramos nuestra familia. Cuando nuestro hijo nació seis años después, no salté al proceso RICA. Cuando él tenía unos dos años, preguntó: «¿Por qué papá no va a la comunión con nosotros?». Me di cuenta de que el sacerdote tenía razón, y me inscribí en el RICA, temiendo los próximos nueve meses. Para mi sorpresa, fue una de las experiencias más satisfactorias de mi vida.

Amo a la Iglesia católica porque nos ha dado una base en términos de fe para nuestra familia que continúa creciendo a medida que disfrutamos actualmente ver a nuestros nietos crecer en su fe católica todos los días.

—*Jim Mall*

Me encanta ser católica porque lo probé de «otra manera» durante casi treinta años. «Correr alrededor del establo» es el término que usé durante esos años para tratar de construir una relación más profunda con Jesucristo. Enseñanzas de la nueva era, metafísica, iglesias grandes y evangelistas de televisión, prácticas de meditación, astrología, psicometría, yoga. Lo intenté todo, pero nunca sentí el «fuego» que siento por Jesús desde que regresé al catolicismo. Una de las «piezas del rompecabezas» a mi regreso fue la entrega del libro de Matthew Kelly, ¡Redescubriendo el catolicismo en la misa de Navidad!

—*Mary Anne Linsell*

En un momento muy triste y oscuro de mi vida, asistir a misa significaba todo y más para mí. Me sentía perdida, sola, confundida, molesta y enferma del estómago. Ir a misa me dio un lugar al cual ir y algo que hacer con mi tiempo. Necesitaba rodearme de gente, y la misa era el lugar perfecto para hacerlo. Me di cuenta de que Jesús me ama incluso en mi quebrantamiento. Es en tiempos difíciles como este que me alegra que haya misa y rituales diarios en los cuales confiar.

—*Siobhan Peryer*

El lema de mi hermandad de mujeres era «lo primero y lo mejor». Creo que lo mismo es válido para nuestra fe católica. Se puede rastrear hasta el mismo Jesús. ¡Qué honor ser parte de la fe cristiana original que se ha transmitido de generación en generación! También me encanta la manera como conservamos tantos símbolos y sacramentos que nos conducen también a la época de Cristo. ¡Nuestra fe es más profunda que la mayoría de los ríos, y está llena de ricas tradiciones!

—*Sara Schad*

Me encanta ser católico porque eso le da un fundamento a mi vida. Sin importar los desafíos que haya enfrentado en la vida, mi fe católica siempre ha estado ahí para mí. Me han despedido de empleos importantes, mi cargo laboral ha sido eliminado injustamente, me han intimidado con demandas personales y mi vida ha sido amenazada por personajes indeseables. En cada uno de esos casos, mi fe católica me guio a un lugar mejor. ¿Cómo podría no encantarme el hecho de ser católico?

—*Bob Bestvina*

Me encanta ser católica porque fomenta la comunidad. Puedo ir a cualquier parte del mundo y seguir los mismos rituales: las partes de la misa, la veneración de los santos y los valores católicos. Para mí, la comunidad representa la belleza del catolicismo. Aunque disfruto enfocándome en mi relación personal con Dios, es aún mejor cuando me rodeo con otras personas de ideas afines en mi comunidad que abrazan los valores católicos auténticos.

—*Deb Meyer*

Me encanta ser católico por todo tipo de razones. Soy un ávido lector de literatura técnica relacionada con mi trabajo, lo cual ha demostrado ser muy positivo e impactante en mi carrera de más de treinta años. También soy un ávido lector de literatura católica. Esta me mantiene bien fundamentado y me recuerda constantemente las muchas razones por las que me encanta ser católico. El catolicismo es el equipo ideal en el cual estar. Sí, hemos tenido algunos jugadores buenos y otros malos, pero con el tiempo, es el equipo al que quiero pertenecer porque representa lo que es bueno y lo que es correcto, con un objetivo final que no se puede igualar. Este equipo tiene superestrellas y las sigue teniendo; algunas de las personas mejores y más brillantes a través de los tiempos son católicas. Ser católico es una forma de vida que es amable, compasiva y saludable. No puedo imaginar ser otra cosa que no ser católico. Como dice el dicho, ¡Jesús es la razón!

—*Jim Rives*

El 12 de diciembre de 2010, el sonido del teléfono me despertó a las 3:30 a.m. Un sentimiento de temor me envolvió instantáneamente mientras me esforzaba por escuchar la noticia del trágico evento que le había sucedido a mi hijo hacía apenas unas horas. Se trataba de un accidente automovilístico en el que el conductor había resbalado por la carretera helada mientras conducía un automóvil lleno de chicos universitarios después de una fiesta.

Inmediatamente, mi esposo y yo subimos al auto y condujimos cuatro horas al Hospital Roanoke, donde nuestro hijo nos esperaba en la unidad de traumas. El largo viaje y la constante oración del rosario nos prepararon para recibir la noticia de su estado: una lesión en la médula espinal que lo dejó paralizado de la cintura para abajo. En realidad, nos sorprendió verlo. Su cuerpo estaba magullado y sus costillas rotas le dolían, pero lo más notable era su espíritu y su cara, que casi brillaban. Nos aseguró que estaría bien y nos dijo que no nos preocupáramos por él.

Era un domingo por la mañana, y como éramos conscientes del poder de la misa, dejamos a nuestro hijo Kevin y fuimos a buscar la iglesia católica más cercana con dos de sus mejores amigos. Honestamente puedo decirles que nunca nos sentimos tan reconfortados como aquel día en que escuchamos las palabras de las Escrituras. La primera lectura de Isaías hablaba sobre el cojo que saltaba como un ciervo, seguido por el Salmo 146, que afirmaba que el Señor abre los ojos a los ciegos y levanta a los que están doblegados. El Evangelio trataba de Juan Bautista en prisión y de cómo envió a sus discípulos a Jesús para ver si realmente era el Mesías. Jesús les dijo: «Vayan y díganle a Juan lo que oigan y vean: los ciegos recuperan la vista, los cojos andan, los leprosos están limpios, los sordos oyen...». Quedamos totalmente asombrados mientras escuchábamos estas palabras y las del sacerdote, que dio una lección sobre el acto de esperar con paciencia.

Han pasado más de siete años desde el accidente y, aunque ha habido momentos desagradables, nuestro Señor siempre nos ha consolado y hemos estado muy cerca de Él a través de la oración. Hemos estado rodeados por una parroquia maravillosa, que nos ha ayudado a través de oraciones y apoyo. Nuestro hijo se alegra en medio de su sufrimiento y recibe muchas gracias al asistir a la misa diaria. Enseña en una escuela católica y abraza cada día con mucha confianza y confía en el Señor. Estamos esperando un milagro, pero sabemos con certeza que Dios está trabajando en esto y que definitivamente podemos confiar en Su plan.

¿Por qué me encanta ser católica? He aprendido de la Iglesia católica y luego de leer las vidas de los santos de qué se trata realmente la vida y cómo sortearla, ya que es solo una peregrinación. No importa lo difícil que pueda ser la vida, sabemos que al final Dios tiene algo grande para nosotros. Mientras estoy aquí puedo pedir las gracias que necesito cada día. Me encanta el hecho de poder ir a misa cada día y visitarlo en la capilla de la Adoración, y saber que Él me dará todo lo que necesito para enfrentar cada desafío. Esto me da la confianza de que la voluntad de Dios es lo que yo quiero. En los días que parecen un poco más difíciles, solo tengo que decir: «¡Jesús, confío en ti!».

—*Diane Dyer*

Me encanta la orientación que brinda la Iglesia sobre cómo vivir la vida. Gracias a sus enseñanzas, he evitado muchos escollos en mi vida y he superado muchos problemas y circunstancias. Cuando quedé embarazada de nuestro hijo (tuve varios problemas médicos), todos los médicos y personas me recomendaron que abortara. Nos informaron que nuestro hijo nacería con muchas discapacidades si el embarazo llegaba a término. Leí. Estudié. Y seguí el consejo de la Iglesia de no abortar. Nuestro hijo nació perfectamente sano. Es extremadamente inteligente, muy cariñoso, actualmente tiene treinta y un años y se casará en octubre. Él fue el milagro de Jesús para mí. Esa experiencia me llevó a una mayor confianza en la sabiduría de las enseñanzas de la Iglesia.

—*Donna Ulrich*

Me encanta ser católica porque significa que nunca tengo que soportar sola el peso de mis dificultades.

—*Claire Darnell*

Hace varios años, después de la misa, tomé un libro gratuito titulado *Vuelve a Descubrir Jesús* y también me mostraron el programa «Best Lent Ever», y fue entonces cuando comencé a enamorarme de ser católica. Desde entonces, he asistido a clases de educación para adultos en mi iglesia (algo que no habría hecho en el pasado) y he aprendido sobre los santos, la oración contemplativa, la vida de Jesús y lo que significa para nosotros.

—*Amy Thompson-Aho*

Me encanta ser católico, porque es un desafío. Me encanta un buen reto y esforzarme por alcanzar nuevas metas. Mis pasatiempos siempre han sido cosas desafiantes: aprender a tocar el piano o un nuevo idioma, disciplinarme para una competencia de culturismo; incluso mi profesión es un desafío todos los días, y también lo es ser católico.

Ser católico es un desafío porque Jesús nos llama a la perfección. Él nos pide que disciplinemos nuestros deseos egoístas y pongamos a los demás antes que a nosotros mismos... y que lo pongamos primero a Él. Y eso es precisamente lo que nos ayuda a crecer en relación con Él.

Ser católico es un desafío, porque en cada generación seguimos a Jesús y vamos contra la corriente. En cada generación, la cultura actual del mundo quiere que nos comprometamos con la verdad y el amor, pero la Iglesia católica nunca vacila. Ella sostiene que Dios nos ha dado la plenitud de la fe, y que no tenemos derecho a cambiar esa verdad. La verdad supera al tiempo y la cultura.

Ser católico es desafiante en términos intelectuales. Tenemos una historia fascinante de teólogos, filósofos y científicos brillantes. Siempre hay algo más que aprender: una vida no es lo suficientemente larga para que nuestras mentes finitas puedan comprender a un Dios infinito. Lo que también significa que tenemos que darnos cuenta de que lo que podemos entender tiene límites. Es un desafío reconocer que hay límites a lo que podemos entender y confiar en Él incluso cuando va más allá de la comprensión humana.

Ser católico es desafiante porque requiere que miremos nuestras propias vidas y seamos honestos con nosotros mismos antes de participar en el sacramento de la reconciliación. Hace unos años, escuché a Matthew Kelly hablar en persona. Él dio tres opciones y nos desafió a cada uno de nosotros a elegir una para comenzar a hacer:

1) Pasar quince minutos cada día leyendo los Evangelios.

2) Usar un *Diario de misas* para anotar un aspecto de la misa que te hable.

3) Confesarse una vez al mes.

La reconciliación fue la que menos quería hacer, por lo que elegí esa: ¡es un desafío!

—*Don Sinak*

Al crecer en los años sesenta con dos padres católicos, supe desde una edad muy temprana que mis padres no se querían mucho. A menudo apenas parecían tolerarse entre sí y tenían habitaciones separadas. Pero como eran católicos, sentían que tenían que permanecer juntos. Recuerdo que me sentía incómodo y atrapado en el medio cuando hacía las veces de intermediario entre ellos («Dile a tu padre que la cena está lista»; «Dile a tu madre que no tengo hambre») y trataba de lidiar con la ineludible tensión que había en nuestra pequeña casa. No fue muy agradable crecer en este entorno volátil y, a medida que crecí, encontré muchas razones para no estar en casa. Uno de mis lugares favoritos para escaparme era nuestra iglesia católica local, que estaba a poca distancia. La paz que encontré allí era un bálsamo para mi alma maltratada, de la que escapaba con frecuencia.

Matthew Kelly habla sobre el aula del silencio, y creo que mi amor por el silencio comenzó en esos momentos de tranquilidad sentado en los bancos vacíos o casi vacíos de la iglesia. Puede que haya sido demasiado joven para entender que estaba poniendo mis heridas y problemas a los pies del Señor, pero eso es lo que estaba haciendo, y Él nunca dejó de calmarme. Entraba abrumado y confundido, pero después de sentarme en una iglesia oscura y tranquila, salía con una actitud mental mucho más tranquila, capaz de hacer frente a la vida una vez más. Tengo muchos recuerdos felices de bautizos, confirmaciones, bodas, etc., como católico, pero nunca olvidaré el cálido abrazo de Dios cuando me sentaba en el aula de silencio durante mi infancia.

—*Nombre retenido*

No fui criado católico. Mi familia no era religiosa en ningún sentido real, aunque mi madre me contaba historias sobre Jesús cuando yo era joven. Al igual que muchas personas en los años sesenta, yo no estaba «en» ninguna iglesia, aunque secretamente creía en Dios e inventaba un código espiritual indulgente y conveniente para vivir. Los años sin timón fueron llenos de excesos, abusos, divorcios y comportamientos generalmente llenos de pecado. Mi «código» se flexionó alrededor de todo eso. A pesar de esto, fui una persona exitosa (según los estándares de la sociedad) cuyo mal comportamiento fue recompensado rutinariamente.

A lo largo de los años, supe en el fondo de mi corazón que estaba evitando la verdad. En la semana de mi cumpleaños número cincuenta y ocho, fui de manera impulsiva a la iglesia de mi barrio y asistí a mi primera misa. Estaba muy nervioso, completamente convencido de que todos los allí presentes podían sentir lo inapropiado que era estar ahí. Después de la misa, permanecí sentado hasta que la mayoría de la gente se fue, pero cuando me levanté para irme, de repente me encontré cara a cara con el padre Cyril, quien me extendió su mano y me dio una cálida bienvenida. Le expliqué rápidamente que no era católico en realidad, y él me tocó el hombro y me dijo que no me preocupara porque Jesús me amaba de todos modos. Me dijo que volviera. Y lo hice. Durante la siguiente docena de domingos, mientras asistía a cada misa, sentí que cada homilía era un mensaje personal para mí sobre cómo corregir el rumbo de mi vida. No fue fácil, tuve que reconocer mis muchos defectos, pero me comprometí a convertirme al catolicismo en ese momento.

Lo que aprendí del padre Cyril es lo que más me gusta de ser católico: Dios nos ama a todos, incluso a aquellos que lo resisten, nos invita a participar y siempre está preparado para mostrarnos cómo convertirnos en una mejor versión de nosotros mismos, aunque lo hayamos negado por décadas.

—*Charles Shepard*

Durante el período 2009-2014, me hicieron cuatro cirugías en el pie y me volví adicta a los analgésicos opiáceos, y luego a la heroína. Era una madre y ama de casa que dejaba a sus hijos en la Escuela de la Sagrada Familia en su auto Escalade blanco, y que luego se dirigía directamente a los suburbios para comprar drogas. Incluso rezaba con un CD que tenía el rosario mientras iba a comprarlas. Muy lamentable, ¿verdad?

A través de tres períodos separados de cárceles, dos delitos mayores, dos rehabilitaciones separadas y una enorme cantidad de dolor y sufrimiento que me causé a mí y a mi preciosa familia, supe que Dios estaba conmigo, pero fui yo quien llenó mi «agujero del tamaño de Dios» con algo obviamente distinto a Él. Cuando estaba en mi última rehabilitación, tuve la oportunidad de confesarme. Estaba muy nerviosa. Había cometido muchos pecados durante mi adicción... ¿Era realmente posible que Dios me perdonara a través de este sacerdote? ¿Qué pasaba si yo olvidaba un pecado que había cometido? Pensé: *Bueno, al menos no conozco a este sacerdote en particular, ¡así no tengo que enfrentarlo semanalmente!* Tuve la suerte de que este sacerdote era extremadamente compasivo conmigo. Honestamente sentí que mis pecados fueron lavados por la gracia de Dios. ¡Qué asombroso es eso!

Ahora debía comenzar el trabajo «real»: perdonarme a mí mismo. ¿Cómo es que Dios puede perdonarnos, pero es tan difícil perdonarnos a nosotros mismos? Ha sido todo un viaje, y me siento humilde y agradecida al decir que he estado limpia durante casi tres años, y mi matrimonio de veintitrés años es más fuerte que nunca.

—*DeEtte Gastel*

He encontrado un hogar en la iglesia católica. Soy una persona impulsada por la comunidad y alguien que necesita responsabilidad. La Iglesia católica me ha proporcionado una comunidad que se parece más a una familia: personas que caminan conmigo y me animan a convertirme en la mejor versión de mí misma en todo lo que hago.

—*Katie Ferrara*

Me encanta ser católica porque le da sentido a todo lo que hago. La misa está llena de mucho significado: cada palabra se dice a propósito, por una razón, y el ritual de la misa es algo que se ha hecho durante mucho tiempo. Como «católica de cuna», siento que he aprendido mucho en los últimos años a partir de las cosas que ha publicado Dynamic Catholic, cosas que desearía que me hubieran enseñado cuando era pequeña. Ahora que tengo hijos, es muy emocionante para mí transmitirles la emoción que siento ahora por la Iglesia católica. Mi hijo, que está en segundo grado, y yo, hemos seguido el plan de estudios «Bendecido» además de sus clases regulares de CCD (todavía no las han implementado en la parroquia), y él ha cambiado toda su perspectiva sobre la misa, los sacramentos y la fe católica. Esto me ha abierto los ojos a lo poderoso que es para un niño pequeño tener una base tan sólida a la cual recurrir cuando las cosas en la escuela o con los amigos van mal.

—*Abby Boley*

Si la vida va bien o estoy teniendo una mala racha, *siempre* me siento mejor después de ir a misa. Muchas veces escucho exactamente lo que necesito escuchar. Hay un elemento de calma en la misa que me ayuda a reenfocarme, revitalizar y recordar por qué me encanta ser católica.

—*Angie Gould-Wilmington*

Me encanta ser católica por los milagros que experimento por mi fe. Perdí a mi esposo en diciembre de una manera muy inesperada, y la única razón por la que lo estoy logrando día a día es por mi fe y por saber que este es el plan de Dios y que mi esposo está en el cielo cuidándome a mí y a nuestros hijos. Escucho a Dios decirme que todo está bien, que Él está encargado de esto, y que no tenga miedo.

—*Emilie Lancour*

Me encanta ser católica porque puedo compartir la última cena todos los días en la misa e imaginarme que estoy sentada con Jesús y sus discípulos una y otra vez. Nunca se vuelve viejo o aburrido. Siempre hay algo nuevo en este sacramento maravilloso e impresionante.

—*Sandy Buttry*

Estuvimos de vacaciones la semana pasada en Aruba y fuimos a misa. Pensé que era tan genial que la misa en Aruba sea la misma que vivimos en nuestra parroquia de Cedar Rapids, Iowa.

—*Nick Rakers*

Crecí como metodista, lo que me dio una base sólida, y hasta el día de hoy tengo un gran amor por la Biblia. Fue esta base, junto con las dificultades personales con mi vida familiar, lo que me llevó a buscar más.

Llegó un momento en que toqué fondo. Una amiga me invitó a su iglesia católica, pero por alguna razón, no pudo ir ese domingo. En consecuencia, decidí ir a la iglesia de otra denominación no muy lejos de allí. Cuando llegué, descubrí que la iglesia estaba en otro lugar.

Decidida a ir a la iglesia en algún lugar, recordé por la gracia de Dios la calle donde estaba ubicada la iglesia católica. Mientras caminaba por esa calle, sentí que los brazos de Dios me halaban con amor. Lo que vino a la mente fue el Buen Pastor.

Cuando llegué a la iglesia, experimenté la presencia de Dios como nunca antes. Supe sin lugar a dudas que Él estaba allí y que el Espíritu Santo me rodeaba como una manta. Experimenté la Presencia real sin entender la teología. Experimenté a Jesús tanto en la misa como a través de la gente. Una señora me invitó a sentarme con ella. La música fue dirigida por la juventud ese domingo. Me impresionó que la Iglesia católica estuviera tan abierta a los jóvenes.

Después de la misa, mientras caminaba de regreso a mi campus universitario, dos chicas de esa iglesia se detuvieron y me ofrecieron dar un paseo con ellas. Me invitaron a almorzar con otros jóvenes. Eran cosas muy simples, pero una de esas chicas comenzó a llevarme a misa los domingos y a RICA. Cuando regresaba al campus, me llenaba de alegría, nunca había tenido semejante experiencia en la iglesia.

Mi alegría era tan obvia que cuatro amigas fueron a misa conmigo el próximo domingo. El Señor continuó nutriéndome a través de RICA, de la gente amable que conocí, de la capilla perpetua de Adoración en esa parroquia y también a través de una clase de catolicismo. El 24 de abril de 2005, entré a la Iglesia. Su nombre es Sagrado Corazón, y tengo un profundo amor por el Sagrado Corazón de Jesús. ¡Probablemente puedan imaginar por qué!

—*Catherine Clarke*

Me encanta la belleza y la sencillez de la misa.

—*Ron Derr*

Me encanta ser católica porque siempre me siento perdonada y amada. Nunca me siento sola. Sé que Jesús y su Santísima Madre me aman por lo que soy. Sé que nunca pierden la fe en mí. Yo era una hija adoptada que había sido abandonada por sus padres, pero recuerdo que una monja me dijo que simplemente dijera en voz alta: «Hola, Jesús, esta es María» cuando me sentía triste o sola. Entonces funcionó, y sigue funcionando para ayudarme a centrarme en lo amada que soy realmente.

—*Mary Starz*

En el corazón de mi amor por ser católica está la Eucaristía. Cuando recibo la Eucaristía, recibo a Jesús y lo llevo conmigo al mundo. ¡Guauu!

—*Delia Kavanaugh*

Una de las razones por las que me encanta ser católico son nuestras oraciones no verbales. Soy de origen protestante, y cuando fui expuesto por primera vez a la fe católica, quedé desconcertado por persignarme, arrodillarme, estar de pie, etc. Parecía un montón de vudú sin sentido, o tonterías tradicionales sin valor agregado.

Pero luego aprendí la manera en que los católicos entran a las iglesias. Cuando cruzamos la puerta de una iglesia, metemos nuestros dedos en el agua y nos persignamos. ¿Por qué? Es una manera no verbal de decir: «Solo por mi bautismo y la muerte de Cristo en la cruz soy digno de entrar en este lugar y estar en presencia de Dios». Ese momento fue decisivo para mí. Esto era algo que podía apoyar el 100 por ciento, y transformó instantáneamente todo el «vudú» en oración y adoración profunda y significativa. Esto abrió la puerta a una nueva forma de amar y honrar a Dios.

—*Alton Lee*

Tengo treinta y cinco años y toda mi vida he sido católica y creído en Dios. Sin embargo, recuerdo haber pensado en mi juventud, cuando estaba en la escuela secundaria y en los primeros años de universidad: *Bueno, hay tantas religiones que creen en Dios: católica, protestante, luterana, bautista; me pregunto cuál es la «correcta». ¿O acaso todos vamos en la dirección correcta porque creemos en Dios?* No fue hasta que descubrí a Dynamic Catholic que comprendí poco a poco, «¡Guau! ¡En realidad pertenezco a la correcta!».

Hay tanta verdad en el dicho de «el genio del catolicismo». En el momento en que tuve ese momento de «¡ajá!», mi fe se profundizó exponencialmente. Las enseñanzas que Jesús nos dejó en los Evangelios son solo eso: ¡puro genio!

También me encanta, como madre de tres niñas hermosas, poder tener respuestas sólidas para las dificultades de la vida. Realmente no sé cómo sobreviven las personas sin fe. Disfruto de cada momento de enseñanza que tengo con mis hijas, donde puedo decir Su nombre y tranquilizarlas gracias a Él.

—*Michelle Hurley*

He estado asistiendo a la misma iglesia católica con mi esposo y tres hijos durante los últimos doce años. Es una iglesia cálida y acogedora, tal como lo siento.

Cuando mi madre murió en 2014, me encontré en medio de dificultades. Necesitaba vivir mi vida, pero temía que tuviera que «dejarla ir» para poder seguir adelante. Una amiga y compañera de trabajo notó esto y me dio una copia de Redescubriendo el catolicismo. ¡Era muy simple y tenía mucho sentido! Me consoló. Mi esposo y yo asistimos a un evento de Pasión y Propósito, y fue entonces cuando me convertí en una Embajadora Católica Dinámica.

Haré una confesión: no soy católica. Mi esposo lo es y nuestros hijos lo son, pero lucho para dar ese paso. ¡Sin embargo, creo

en el catolicismo! La iglesia católica parece ser la única iglesia que se mantiene fiel a sus enseñanzas y no se deja llevar por los tiempos. Sé que tiene defectos, pero ¿qué no tiene defectos?
—*Andrea Tamburri*

Me encanta ser católico por la unidad que produce el amor por la Eucaristía, junto con la devoción a la Santísima Madre.
—*Padre Shaun Foggo*

Me encanta ser católica. Es la única parte constante de mi vida.
—*Marie Edlund*

Al ser católica, tienes la oportunidad de ir a misa y recibir la Eucaristía no solo una vez por semana, sino todos los días. Desde que me jubilé hace casi cinco años, he tratado de que la misa diaria sea parte de mi vida. Creo que me ha cambiado de muchas maneras. En primer lugar, me siento más consciente de la presencia de Dios en mi vida. En segundo lugar, quiero ayudar a las personas más a menudo. También me ayuda a ser más paciente con mi esposo, que se jubiló un año después de mí. ¡Todavía estoy trabajando en ello!
—*Jeanne Riehs*

Dos palabras: Santa Eucaristía. Hoy llevé la Eucaristía a una mujer en un centro de ancianos, y se saltó el almuerzo para poder recibirla. Cuando entré a su habitación, las lágrimas resbalaban por sus mejillas. Ella estaba muy agradecida. La Iglesia católica tiene lo que otras iglesias simplemente no tienen. Qué regalo, qué bendición.
—*Mark Rudloff*

Me encanta ser católica, ya que es mi «hogar» en esta tierra durante esta corta vida. Al principio de la vida, me di cuenta de que tenías que vivir por algo como tu guía, y sentí que incluso si todo el asunto de Jesús no era verdadero, vivir de acuerdo con su enseñanza resultaría en la mejor sociedad posible. Pero a medida que envejezco, veo que el escrutinio que ha sufrido nuestra fe simplemente pule la verdad que proclama e irradia al mundo. Me encanta la simplicidad y complejidad de esta fe. Mueve lo simple y, sin embargo, es lo suficientemente compleja como para que los que han aprendido puedan estudiarla toda la vida sin quedarse sin revelaciones y descubrimientos sorprendentes.

—*Carla Dill*

Me encanta ser católica porque me encanta saber que la santidad es posible para mí.

—*Natalie Gunawan*

Me encanta ser católica porque soy parte de una familia mundial. No importa en qué país o ciudad me encuentre. Cuando voy a misa, estoy en casa. Este verano, visité por primera vez varias iglesias bautistas con mi suegra, quien estaba tratando de encontrar una nueva después de mudarnos. Se esforzó por encontrar una que fuera como su antigua iglesia, pero yo estaba en casa celebrando la misa con mi familia católica.

—*Mary Beth Lassiter*

Hay un sentido de orgullo y responsabilidad que acompañan al hecho de ser católica. Cuando le digo a alguien: «Soy católica», tiendo a sentirme un poco más alta. No porque piense que «soy mucho mejor que tú», sino porque siento que estoy realmente orgullosa de ser parte de la Iglesia y de todo lo que representa. Siento que es un gran honor y privilegio, y algo de lo que nunca me avergüenzo de admitir. Jesús mismo creó la Iglesia católica, y ser parte de esa misma comunidad conlleva una gran responsabilidad, honor y orgullo.

—*Blayne Magdefrau*

Mucha gente dice que la fe católica es asfixiante, dura y represiva. Sin embargo, mi experiencia con el catolicismo ha sido enormemente liberadora, una fe verdaderamente basada en alentar e inspirar el pensamiento y la compasión individualizadas.

Mi catolicismo ha sido mi mayor salvación en todos mis tiempos más difíciles; ha sido el camino más consistente y enriquecedor que he encontrado. Cuanto más aprendo sobre la fe católica, más aprecio realmente mis raíces en ella. Sigo agradecido de que las semillas que se sembraron cuando yo era un niño florecieran cuando mi vida estaba en una caída negativa.

—*Nombre retenido*

El catolicismo ofrece muchas maneras para que los laicos sean las manos y los pies de Jesús; por lo tanto, son una luz brillante que atrae a otros a Jesús y a nuestra fe. ¡Realmente hay algo para todos!

—*Andria Faust*

Soy un converso a la fe. Crecí con muchas prácticas ocultas a mi alrededor. Yo estaba perdida. Estaba vagando por todas las cosas que el mundo decía que me daría felicidad, pero la búsqueda solo me hacía más vacía. A medida que aprendía más y más sobre la fe católica, encontré un terreno sólido: no más arenas movedizas.

Encontré una verdadera visión para la persona humana, una respuesta al relativismo que promueve nuestra cultura. La verdad me liberó.

—*Kirsten Simonsgaard*

He enfrentado muchos momentos difíciles en los últimos tres años: pérdidas en mi familia, ansiedad y problemas de salud que me han hecho luchar en busca de respuestas y esperanza. Durante esos momentos, he perseguido más que nunca mi fe católica. Nunca entendí lo que era ser fuerte en mi fe hasta que las circunstancias me dejaron corriendo por completo en los brazos abiertos de Dios en tiempos de miedo, ansiedad y frustración. Como resultado, encuentro esperanza. Encuentro significado. Encuentro propósito.

—*Becky Church*

Para aquellos de nosotros que tenemos la suerte de experimentar el catolicismo como una forma de vida, la vida está llena de bendiciones. Al llevar un diario espiritual en el que registro experiencias que considero dignas de llevar, me sorprende descubrir con el tiempo que las experiencias más significativas de mi vida se escriben para disfrutarlas, aprenderlas y compartirlas con mi familia y amigos por siempre.

—*Daryl Gonyon*

Me encanta sentirme como en casa cuando estoy en la Iglesia católica. Podría haber tenido la peor semana, podría haber tantas cosas sucediendo en mi vida, pero cuando cruzo esas puertas y me siento en el banco, nada más importa más que lo que sucede justo enfrente de mí. Ir a misa realmente pone mi vida en perspectiva y establece mi actitud para la semana.

—*Jorge Suarez*

Me criaron en un hogar no cristiano. Mi madre era anticristiana. Sin embargo, de alguna manera siempre supe que Jesús me amaba. Cuando tenía nueve años le dije a mi madre que quizá ella no necesitaba a Dios, pero yo sí. Ella me dijo que yo superaría este cuento de hadas. Después de casarme y tener dos hijos, decidí que era hora de ser católica. Lo que más me gusta de la Iglesia es que el sacerdote nos aceptó con los brazos abiertos a pesar de que mi primer hijo nació por fuera del matrimonio.

—*Jeanne Bullock*

Convertirme en católica es lo mejor que me ha pasado, y no lo digo a la ligera. Empecé siendo atea. Durante más de veintitrés años creí firmemente que Dios no existía, debido a mi infancia difícil y a mi depresión. Me hice un voto solemne a mí misma de que nunca me dejaría arrastrar al chiste de «creer en Dios». Creía firmemente que todos los cristianos, y especialmente los católicos, eran solo un grupo de bienhechores que creían ser mejores que los demás.

Mi mejor amiga (que también es mi prima) fue quien me reveló el sentido de todo. Déjenme decirles que tuvimos algunas discusiones, pero una vez que entendí el significado del catolicismo y de qué se trataba, ¡quise participar! Pensé, Si *voy a hacer esto, ¡lo haré hasta el final!* Quería todo lo que Dios y Jesús tenían para ofrecer, y no quería hacerlo a la ligera. Si Jesús pudiera renunciar a su vida por mí, lo menos que podría hacer es creer en Él y aceptar no algunos, sino todos sus dones, y nunca darlos por sentado. Por eso soy católica y, a pesar de lo que digan los críticos, ¡estoy orgullosa de mi fe!

—*Monique Billington*

Me encanta ser católica por la larga historia y tradición. Me siento segura con mi fe católica; es una colcha muy usada y muy querida que se transmite a través de muchísimas generaciones.

—*Peggy Tallon*

Me encanta ser católico por la gente. Estoy abrumado por el talante de las personas en mi parroquia. Ver a otros vivir la fe católica es inspirador y me empuja a convertirme en la mejor versión de mí mismo.

—*Dave Carlton*

Soy católico de cuna, pero desde mi adolescencia y hasta los veinte años seguí las tres filosofías que Matthew Kelly identificó en uno de sus libros: individualismo, hedonismo y minimalismo (en términos de mi vida espiritual). Después de mucho dolor personal, mi esposa me dejó, mi hijo mayor murió en un accidente de motocicleta y mi hijo menor recurrió a la heroína para hacer frente a la vida. Fui bendecido por encuentros con la Madre Teresa, Donald Calloway, y con dos grandes consejeros espirituales que también son amigos maravillosos. Con todo esto he aprendido sobre la brillantez del catolicismo. Una vez abrí mi corazón a Dios, quise que Su verdad se convirtiera en parte de mí. Es cierto que trabajo en ello todos los días a pesar de mis debilidades.

—*Tom Drapeau*

Hay muchas cosas que me encantan de ser católica: la rica historia de evangelización de la Iglesia (especialmente de la Iglesia primitiva) y las contribuciones a las artes y la música, a los servicios sociales, a la atención médica y la educación. En cada área en la que las personas están necesitadas, la Iglesia ha respondido a esas necesidades. Me encanta que la Iglesia no tenga miedo de ir contra la corriente de la sociedad secular, y que se mantenga fiel al Evangelio. Cuanto más envejezco, más me enamoro de mi fe católica.

—*Therese DeSitter*

Me encanta ser católico porque la Iglesia tiene una fuerte tradición intelectual. Para mí, el lema de San Anselmo (1033–1109), «fe que busca comprensión», significa que investigamos continuamente el inefable misterio de Dios con la razón. La Iglesia reverencia la filosofía como el puente entre la razón y la fe. Fui educado y me gané la vida como científico, y estoy agradecido de que la ciencia experimental moderna tuviera su origen en las universidades católicas de Europa durante la Edad Media y el Renacimiento.

—*Deacon Thomas J. Giacobbe*

San Agustín dijo: «Enamorarse de Dios es el mejor romance; buscarlo, la mayor aventura; encontrarlo, el mayor logro humano». El catolicismo nos llama a cada uno de nosotros a una aventura romántica con el Señor. A través de la Iglesia, Dios extiende su mano poderosa, invitándonos a un auténtico amor hasta que duele, trasciende el alma; un romance eterno.

He sido cortejado por nuestro Padre celestial al pie de la cruz, transformado en el corazón de su Iglesia. Aunque crecí como católico, fue solo en la cruz de una oscura prueba física que Su luz de amor se abrió paso. A raíz de una enfermedad repentina, de la pérdida de mi trabajo y de un mal manejo de todo aquello en lo que me había convertido, caí sobre el suelo rocoso de mi alma. Allí, aplastado bajo el peso de mi cruz, Él me recibió con la luz insondable de su amor misericordioso.

En una multitud de encuentros íntimos, Él me amó en medio del dolor crudo de mi quebrantamiento. Sostuvo un espejo en mi alma, me llamó al arrepentimiento y me envolvió en su abrazo misericordioso. Su amor y Su luz irrumpieron en el sufrimiento más oscuro de mi vida. Él resucitó mi fe católica y me honró con paz y alegría inquebrantables. Mi médico divino me curó de maneras que yo ni siquiera sabía que necesitaba. Me persiguió implacablemente. Me devolvió a la vida. Esta es la belleza de la fe católica. Entiende que con las bendiciones de la vida es inevitable el sufrimiento de la naturaleza caída de la humanidad. Sin embargo, hay esperanza para todos los fieles durante cada temporada de la vida. Como dijo San Juan Pablo II, «Somos el pueblo de Pascua y el aleluya es nuestra canción».
—*Katie McGaver*

Todos los domingos, después de ser alimentados por la Palabra de Dios, mi esposo y yo nos unimos a nuestra comunidad de fe y nos acercamos con entusiasmo al altar para la Sagrada Comunión. Tras regresar a nuestros asientos, nos arrodillamos en oración mientras vemos a nuestros hermanos y hermanas en Cristo extender sus manos para recibir a nuestro Señor. Ancianos y jóvenes, solteros y familias, todos somos un solo cuerpo a través de Cristo que nos fortalece.

Un domingo en particular, tuvimos el privilegio de presenciar un hermoso retrato de amor, compromiso y esperanza. Una joven madre, luchadora pero decidida, siguió adelante con su hija discapacitada de once años. No tenía deseos de maniobrar la incómoda silla de ruedas a través del espacio de adoración, y esta madre fiel, que no era mucho más grande que su hija, la llevó al altar. Lo hizo sin dudarlo. Esperanzada a pesar de todas las limitaciones, levantó a su hija para recibir a su Señor y Salvador. Mi esposo y yo estábamos asombrados.

Ese único momento en el tiempo a menudo nos ha llevado a reflexionar particularmente sobre nuestro compromiso como marido y mujer. Cuando afrontamos la debilidad, las dificultades o el desaliento, nuestro vínculo se pone a prueba. A veces es difícil apoyarnos el uno al otro a través de los tiempos difíciles: elevarnos el uno al otro para ver la imagen de Cristo disfrazada por nuestro quebrantamiento. Pero es exactamente ahí donde Él nos encuentra y nos libra, en el quebrantamiento y por medio de él. Así que avanzamos en una comunión amorosa que nos atrae a la Comunión que da vida. El testimonio y el apoyo de otros esposos y esposas fieles nos animan en el camino. A través de su ejemplo y oraciones, podemos elevarnos unos a otros, a pesar de nuestras debilidades, y recibir todo lo que el Señor desea compartir con nosotros. Esta es la bendición de los sacramentos. Esto es lo que me encanta de ser católica.

—*Ann Mauro-Vetter*

Mi viaje ha sido interesante, por decir lo menos. Durante los años setenta, fui una especie de *hippie* y algo rebelde, especialmente con mi padre. Yo estaba en la escuela secundaria católica en ese momento y no tenía una relación personal con Jesucristo. Fue una locura, pero mi hermana entró a un convento, y unos seis meses después, mi padre me dijo que fuera a visitarla a Boston.

Mientras estuve allí, al principio bromeé y me burlé un poco de las monjas, y nunca pensé que podría darle mi vida a Dios como lo hizo mi hermana.

Un par de días después, me enfermé y terminé en la cama. La madre superiora me ofreció un libro para leer llamado *Cielo*, escrito por el fundador de esa orden religiosa. Lo leí y decidí quedarme allí durante cuatro años y tres meses porque quería conocer a Dios y tener una relación personal con Él al igual que todas las hermanas; parecían muy alegres y en paz.

En términos retrospectivos, me di cuenta de que Dios me dio unos cimientos al hablarme a través de ese libro. Estoy muy agradecida de haber ido a visitar a mi hermana a Boston. Todas las experiencias que tuve en el convento me acercaron más y más a Dios y me prepararon para enfrentar el mundo de hoy.

¡Me enorgullece ser llamada católica por sus verdades razonables y su belleza, y esa belleza es Jesucristo, que quiere mi total felicidad y que esté con Él en el cielo!

—*Therese Tamburello*

Me encanta ser católico ahora más que nunca desde que regresé a la Iglesia hace cinco años. También me encanta mi *Diario de misas*, que he mantenido durante más de cuatro años, gracias a Matthew Kelly.

—*Hector Zayas*

Me encanta ser católica porque Dios puso este amor en mi corazón desde una edad muy temprana. Mi familia era católica. Me bautizaron, pero cuando tenía cuatro años, mi familia abandonó la Iglesia. Un joven sacerdote había venido a nuestra parroquia, trayendo consigo el Vaticano II, y mi familia no lo aprobó. Extrañaba mucho ir a la iglesia y les preguntaba si podíamos volver. Ellos dijeron que no. A pesar de que me criaron sin fe, había algo acerca de ser católica que me llamaba la atención. Cuando alcancé la edad adulta probé con otras iglesias, pero en ninguna me sentía como en casa.

Hace dos años, sentí el deseo de volver a casa. Sabía que necesitaba comenzar con la confesión. Mientras hablaba con el sacerdote y le contaba la historia del alejamiento de mi familia debido al Concilio Vaticano II, él recordó cuando algunos de sus feligreses abandonaron la Iglesia por la misma razón.

Me preguntó dónde crecí. Se lo dije. Me preguntó el nombre de mi parroquia. Se lo dije. Se acercó con suavidad y me dijo: «Querida, yo era el joven sacerdote que llevó el Vaticano II a la iglesia de tu familia hace todos esos años. Se supone que estás aquí. Has completado el círculo».

Como una nota al margen interesante, él se retiró del sacerdocio un mes más tarde.

—*Kathleen Zelnik*

Mi esposo y yo hablamos todo el tiempo sobre cómo nuestra sociedad parece tener un «malestar» al respecto. Ya nada parece ser un asunto importante. La forma en que nos vestimos, hablamos, actuamos: nada de eso parece sagrado o importante, pero Jesús usa el catolicismo para hacer que todo sea un asunto importante. Él usa el simple canto de un gallo en la Pasión para indicarle a Pedro su negación, usa todo lo que damos por sentado y lo convierte en

un asunto importante. La vida es maravillosa, y el catolicismo me recuerda a través de la misa, las oraciones y el silencio que toda la vida es sagrada; hace que sea de nuevo un asunto importante. Sin estos recordatorios, yo también caería rápida y fácilmente en la misma trampa. El catolicismo me fundamenta.
—*Tina Waechter*

¡Me encanta la oportunidad holística que Jesús nos presenta en Su vida y en Su ministerio! Llevar un estilo de vida católico holístico, alegre y auténtico es una forma increíble de vivir. Me encanta que no haya coincidencias y que Dios pueda encontrar un propósito en cualquier cosa. Tener una relación personal con Jesús como la base de tu vida es la parte más pacífica y fundamental de la prosperidad en la vida, y no solo de la supervivencia.
—*William Rein*

A menudo escuché el dicho de que la Iglesia Católica tiene la verdad plena, pero en realidad experimenté esto de manera muy personal cuando mi hijo de dieciséis años con necesidades especiales murió en 2016. Me encanta ser católica porque sin el amor, la misericordia y la hermosura de nuestra fe, me hubiera perdido luego de la muerte de mi hijo amado. En cambio, tengo la esperanza de que algún día volveremos a estar juntos, pero hasta entonces tengo esta hermosa Iglesia para guiarme.
—*Jennifer Colsch*

Me encanta ser católica, porque es allí adonde Dios me llamó. No me criaron en ninguna fe; mis padres se llamaban a sí mismos protestantes no confesionales. No asistimos a la iglesia. Escuché acerca de Dios y de Jesús, pero no sabía nada de ellos. Después de casarme con mi esposo católico, comencé a ir a misa con él y con mi hija, porque había oído que la familia que reza unida permanece unida. Un día en la misa sentí que un increíble manto de amor me envolvía. Nunca había sentido nada tan fuerte. Fue cálido e incondicional y estaba dirigido a mí. Todo en la iglesia se desvaneció al disfrutar de este amor.

Finalmente me di cuenta, cuando mi esposo y mi hija subían para recibir la Sagrada Comunión, de que el amor provenía de la Hostia. Fue en ese momento que supe que quería ser católica y hacer parte de lo que había en la Iglesia. Mi momento más memorable como católica fue el día en que me convertí en 1986, a los treinta y seis años. Fue el comienzo de una nueva vida para mí. Realmente me sentí renacer, y este viaje emocionante y satisfactorio no ha terminado.

—*Anne Dunn*

Me encanta ser católica porque siento que estoy en casa. Soy la única católica en mi familia. Mis padres se llamaban a sí mismos cristianos, pero tengo muy pocos recuerdos de que nos hayan llevado a la iglesia cuando era un niño. Lo que sí recuerdo es que ellos se querían pasar los domingos por la mañana, así que mi hermana y yo asistimos a cualquier iglesia local que nos recogiera en el autobús. Debido a que viví en muchos lugares cuando era niña, tuve la oportunidad de experimentar una variedad de iglesias, incluidas las no denominacionales, metodistas, bautistas del sur y la capilla del Calvario. Me sentí llamada a Jesús, pero en todas estas iglesias siempre faltaba algo. La primera vez que asistí a una misa católica, la encontré. No puedo explicar cuál fue la sensación, excepto decir «casa».

—*Crystal Martinez*

Cuál es tu recuerdo favorito como católico?

Mi recuerdo favorito es redescubrir mi fe después de una partida de veinte años al retirarme y hacer mi primera confesión desde que tenía diez años. He podido aprovechar gradualmente el magnífico momento de sentir la misericordia de Dios en un plan de vida que incluye misa diaria, oración matutina y vespertina, rosarios diarios, lectura espiritual, confesión semanal, dirección espiritual, retiros anuales y más en los veinticinco años desde entonces.

—*Patrick Ciriacks*

Mi recuerdo favorito es asistir a un retiro de fin de semana de Encuentro Matrimonial Católico con mi exmarido. Es una larga historia de sufrimiento y dolor que nos separó y alejó y nos hizo vivir en lugares separados. Él vivía en un apartamento, y yo vivía en nuestra casa con nuestros dos hijos, esperando, pero dudando que ocurriera un milagro para salvar a mi pequeña y dulce familia.

La oración es poderosa, y entregar tus problemas a Dios es poderoso. No estoy segura de cómo nos salvó Dios; había tantos engranajes que tenían que alinearse para que cada evento se coordinara y funcionara. Pero sí sé que ese Encuentro Matrimonial de Fin de Semana y los participantes ayudaron a salvar nuestro matrimonio. Vi el amor que se tenían las parejas el uno por el otro y yo anhelaba lo que sentían. Nuestros problemas eran más grandes de aquello que podría presumir un Encuentro matrimonial de fin de semana para ayudar, y nos animaron a asistir a un fin de semana en Retrouvaille. Planeamos encontrar uno, pero gracias al apoyo continuo de Marriage Encounter, y luego de asistir a las reuniones mensuales de «Círculo de amor» con nuestro grupo de Marriage Encounter, continuamos sanando y volviendo a juntarnos.

Eso fue hace veintiséis años, y en agosto próximo cumpliremos treinta y cuatro años de casados. Ambos estamos orgullosos de nuestro matrimonio, y sabemos que nunca quisiéramos volver a tomar ese camino nuevamente. Nuestros problemas nos hicieron acercarnos más y más a Dios.

—*Ruth Ann Reed*

Mis recuerdos favoritos aún están por venir; mis relaciones más cercanas y significativas se centran en reunirme en la Iglesia.

—*Paula Curry*

Mi recuerdo favorito es aprender sobre la oración… Soy una persona más feliz y amable debido a lo que he aprendido sobre la oración a través de la Iglesia católica.

—*Jim Hoffman*

Soy una católica de cuna que no practicaba regularmente mi fe en mis veintitantos años, y recientemente (hace unos cuatro años) me encontré en una crisis personal, luego de pasar por un segundo divorcio. Tengo sesenta y nueve años y estuve casada durante veinticinco la primera vez, y veinte años la segunda. Sin contar todos los detalles de esos años, algunos maravillosos, otros turbulentos, me encontré de rodillas en la Iglesia católica más cercana hace cuatro años, escrutando y orando a nuestro Señor por ayuda, por orientación, por Su presencia. en mi vida. Al salir de la iglesia, había un libro en la mesa en la sala de reuniones. Lo recogí, comencé a leerlo, y no pude dejarlo. Llevé el libro a la oficina de la parroquia para preguntar si podía comprarlo, y la secretaria me dijo que el padre había comprado uno para todos en la parroquia. Le dije que era el último. Ella dijo: «Debe ser tuyo». El libro era *Redescubre el catolicismo*. Fue el comienzo de mi viaje de regreso, y la profunda comprensión de que Dios ha estado conmigo todo el tiempo. A cada paso «siguiente» que di, apareció la persona correcta o el libro correcto, o la experiencia correcta que no solo me trajo de vuelta, sino que también transformó mi vida. A veces sigo teniendo dificultades, pero lo hago con la confianza de que Dios SIEMPRE está, y confío en Él.

—*Joyce Porritt*

Hace mucho tiempo, cuando mi futuro esposo no católico y yo estábamos saliendo, él me invitó a asistir a su iglesia. Lo hice, después de ir a misa a mi iglesia. Todos (literalmente) me dieron la bienvenida y me invitaron a varias funciones. El pastor se propuso hablar conmigo y a saber un poco de mí. Me fui sintiendo como si acabara de ser adoptada. En casa, pensé en la experiencia y escuché la vocecita que preguntaba: «¿Qué harás si esto se convierte en el factor decisivo? ¿Y si te pide que dejes tu iglesia?».

Había sido católica toda mi vida. Estudié con monjas, aprendí lecciones de catecismo, hice parte del coro, retiros, recé novenas a la Virgen, recibí la comunión; todo me encantó. Sin embargo, lo que me convenció era que si yo dejaba mi iglesia, no podría recibir a nuestro Señor. Y que si teníamos un niño, sería criado en una iglesia no católica.

Yo amaba profundamente a este hombre. Habría hecho casi cualquier cosa para mantenerlo en mi vida, pero nunca podría dejar mi iglesia. Nunca podría dejar de ser católica.

Mi pasión por mi fe debe haber dejado una impresión. Él comenzó a ir a misa conmigo, y se convirtió al catolicismo antes de casarnos.

—*Carol Brodtrick*

Mi recuerdo favorito como católico es la hermana Mary Dennis, nuestra profesora de religión de séptimo grado. Era anciana, estricta y exigente, ¡pero todos la querían! La hermana Dennis era de una gran familia católica en Chicago, y le encantaba contarnos historias sobre cómo crecer en esa familia. Tenía una hermana discapacitada que estaba mayormente confinada a la cama, y esa hermana fue la verdadera inspiración de varios de sus hermanos, que eran sacerdotes o monjas.

En nuestra escuela primaria católica, todos los días asistíamos a la misa de la mañana. Pero eso no era lo suficientemente bueno para la hermana Dennis. Nos desafió a que asistiéramos también a misa los sábados por la mañana, lo que significaba levantarse temprano y caminar a la iglesia. «¿Quieres decir que la misa diaria entre semana y el domingo no es suficiente? ¿Tenemos que ir todos los siete días?». ¡Sí! Ella también nos desafió a ir a la iglesia después de la escuela o durante el recreo siempre que fuera posible, con el fin de hacer las Estaciones de la Cruz por nuestra cuenta. Y así lo hicimos. ¡Ambas!

En cualquier sábado por la mañana, un grupo de la clase de séptimo grado de la hermana Dennis asistía a la iglesia. Y muchos también asistían para las Estaciones. Por supuesto, después de eso nos reuníamos en la fuente de refrescos al otro lado de la calle para desayunar y tener un poco de «compañerismo». Cada uno de nosotros tenía que llevar una lista de asistencia para fomentar la disciplina. A lo largo de los años, esta práctica me enseñó que los eventos «opcionales» en la iglesia eran en realidad algunos de los más espirituales y conmovedores de todos. Me encantaban las devociones de la tarde a la Santísima Virgen María en octubre, las celebraciones especiales del día de fiesta y la Adoración del Santísimo Sacramento. ¡No sé si alguna vez hubiera participado en los extras sin los desafíos y el sincero aliento de la hermana Mary Dennis!

—*Ann Molteni Bridenstine*

Nací en la India en 1953 en el seno de una familia católica devota y temerosa de Dios. Mi padre era un católico ejemplar, un profesor universitario que siempre hacía gala de su fe. Provenía de una aldea cuya fe católica se remonta a la época de San Francisco Javier en el siglo XVI. Éramos la única familia cristiana en el barrio. Estábamos rodeados por personas de todas las demás tradiciones religiosas: hindúes, musulmanes, budistas, etc. Nos destacamos por la forma en que vivimos nuestra fe.

Mi papá era un comunicador diario. Se levantaba todas las mañanas a las 4:30 a.m., ya fuera en enero o en junio. Iba en silencio a la iglesia que estaba a unos veinticinco minutos de nuestra casa. Recuerdo que uno de nuestros vecinos, un devoto abogado brahmín, les dijo a otros: «Si quieren ver a Jesús, miren por la ventana a las 5:00 a.m. y lo verán caminando por la calle».

Después de la misa, mi padre permanecía veinte minutos en Adoración. Al llegar a casa, tomaba su Nuevo Testamento y *La imitación de Cristo* para hacer una meditación de media hora y modelarse a sí mismo en Cristo. Luego tomaba café y leía el diario, desayunaba y se preparaba para ir a la universidad.

—*Dr. Robert Berchmans, PhD*

Recuerdo que me preparé para mi confirmación, que ocurrió mientras mi familia vivía en Italia. Había asistido a clases en preparación para este gran evento, y estaba lista y muy emocionada de recibir el don del Espíritu Santo. Era una gran iglesia antigua rodeada de hermosos jardines. Yo tenía un vestido sencillo pero elegante y unos hermosos zapatos de tiras italianos: me sentía muy adulta. Cuando el sacerdote me ungió con aceite e hizo la Señal de la Cruz en mi frente, literalmente sentí un ardor en la garganta. Pensé que necesitaba agua en ese momento, pero ahora sé que fue el don verdadero y real del Espíritu Santo que entró en mí y que vive en mí hasta el día de hoy.

—*Siobhan Peryer*

El sábado 12 de marzo de 2011, fui rescatado por el Departamento de búsqueda y rescates del condado de Wayne luego de pasar seis días varado en el Cañón No Man's en el sureste de Utah. Mi confinamiento fue el resultado de un accidente de escalada que cobró la vida de mi hermano Louis. Yo no tenía manera de bajar o de salir de allí. Había dejado en casa un mapa de nuestros planes

de caminata, y nuestros seres queridos esperaban que llamára-
mos el jueves durante nuestro viaje de regreso a casa. Al no saber
nada de nosotros, llamaron a las autoridades, las cuales emprend-
ieron una misión de búsqueda y rescate.

Pasé la mayor parte de esas 144 horas en una cornisa de arenisca
de tres por doce pies en una parte desolada y estrecha del cañón.
Recé el Padre Nuestro y recité frecuentemente el Ave María.
Poco después de mi rescate, fui trasladado en helicóptero al Hospital Regional de Moab, donde recibí atención de emergencia por
deshidratación y desnutrición.

Pero lo que necesitaba más que la atención médica era la
atención espiritual. Le pregunté al médico de cabecera si había
un sacerdote de guardia en el hospital. Para mi consternación, no
lo había, pero el médico me aseguró que se encargaría de darle
respuesta a mi solicitud.

Cuando el doctor Steven Houzer regresó más tarde, mi estado de ánimo mejoró al recibir la noticia de que si no hubiera
un sacerdote disponible en el hospital, él me llevaría a visitar a
otro. Después de ducharme y cambiarme con ropa prestada por
su amigo, el capitán Tim Peoples, fuimos a la misa del sábado por
la noche en la iglesia católica Pío X.

Era el primer domingo de Cuaresma. La lectura del Evangelio
fue la historia de Jesús y sus cuarenta días en el desierto. *Yo había
superado mi prueba en el desierto hacía algunas horas.*

Aunque mi vida había sido salvada y pronto me uniría con mis
seres queridos, lo que más necesitaba era unirme a Cristo: primero en la Eucaristía, y luego en una conversación privada con el
padre Bill Wheaton después de la misa.

Lloré y me desahogué con el padre Wheaton en el santuario,
expresando mi culpa y angustia por la pérdida de mi hermano.

Excusándose momentáneamente, el padre Wheaton volvió a consolarme con el sacramento de la curación y la unción de los enfermos. *El padre Wheaton sabía qué era lo que más necesitaba yo en ese momento.*

El viaje de mi curación había comenzado.

—*David Cicotello*

Nací en Wiesbaden, Alemania, el 13 de enero de 1939. En septiembre de 1939 estalló la Segunda Guerra Mundial. Bajo el régimen de Adolf Hitler, todas las religiones, incluyendo el catolicismo romano, fueron reprimidas con severidad. Mi madre, Berta Schmalstieg, nos mantuvo a las dos gracias a su trabajo como maestra (mi padre nunca estuvo en la foto) y, en consecuencia, tuvo que seguir las reglas de Hitler y no fue una católica practicante. Por lo tanto, no fui bautizada cuando era una bebé. Después del término de la guerra y de sus tres meses de encarcelamiento, Annie Möller, una amiga cercana de mi madre, la convenció para que me bautizara. Sí, esos tiempos fueron salvajes y ásperos. Éramos muy pobres, ya que no teníamos ingresos. A veces teníamos hambre e incluso salíamos a mendigar. Mi mamá me explicó: «Esta vida es una gran aventura».

Mi madre y Annie hicieron los arreglos para mi bautismo en el Monasterio y en la Iglesia de Peregrinación María Martental, que fue fundada presumiblemente por un convento de acuerdo con la Regla de San Agustín en 1145. Hoy pertenece a los carmelitas. Durante la guerra, de 1941 a 1945, el monasterio y la capilla de peregrinación María Martental fueron asignados indebidamente a las Juventudes de Hitler. Después de la guerra, los sacerdotes consagrados al Corazón de Jesús tomaron el poder y construyeron el monasterio de nuevo. La capilla aún se encontraba en buen estado.

Fui bautizada el 10 de octubre de 1945. Todavía recuerdo los detalles. Comenzó con una caminata de cuatro millas. La capilla estaba muy oscura, pero me parecía reconfortante y segura. La fuente de agua bendita estaba frente a una escultura de la *pietà*.

Durante y después del bautismo, tuve la sensación de que Jesús y su madre me daban la bienvenida a su familia, y esto me trajo amor y alegría. Me sentí feliz, protegida y segura. Después, celebramos frente a la Capilla de la Peregrinación, sentados en viejos bancos de madera parcialmente destrozados, comiendo un pícnic que había preparado Annie. Fue una experiencia maravillosa, y hoy todavía me encanta la oración dela *pietà: Drück die Wunden, die Dein Sohn für mich empfunden tief in meine Seele ein* (Presiona las heridas que sufrió tu Hijo profundamente en mi alma).

—*Helga Ingeborg Howard*

La manera cómo me convertí al catolicismo es un recuerdo valioso que comenzó cuando le compré un boleto de bingo a una monja. ¿Qué tan católico es eso?

A principios de los años ochenta, yo no era practicante y no hacía parte de ninguna religión formal. Mi esposo Mike era un católico no practicante. Nuestra primera casa estaba en una calle tranquila en los suburbios de Pittsburgh, y nuestros vecinos eran las Hermanas del Espíritu Santo.

La compra del boleto de bingo me condujo a las escaleras en la entrada principal de la casa madre de las Hermanas del Espíritu Santo. No tenía idea de que subir las escaleras sería el comienzo de mi viaje de fe como católica. Qué tonta era yo, pensé que iba a pagar por el boleto de bingo que le había comprado a una monja a principios de la semana.

La hermana Damien me recibió con una sonrisa y una grata bienvenida. Después de ocuparnos de los asuntos, me condujo a la capilla, donde mis sentidos se vieron transportados a un banquete inesperado. El silencio era palpable; el dulce aroma del incienso flotaba suspendido en el aire, y mi mirada se posó en el mosaico asombrosamente hermoso del Espíritu Santo en la pared del lado este.

La profunda paz que sentí en ese momento es un recuerdo que tendré para siempre. Estaba en la casa de Dios, y me sentía bien de estar allí.

La hermana Damien me invitó a misa al día siguiente. Fui, y Mike lo hizo conmigo. Después de asistir los domingos siguientes, sentí curiosidad y noté que junto con la paz que había sentido, había una nueva energía en mi corazón. Le pregunté a la hermana Damien cómo podía aprender más sobre el catolicismo y convertirme a él. Me dijo que llamara a su capellán, el sacerdote que celebraba la misa en su capilla. En ese momento era Anthony G. Bosco, obispo auxiliar de la Diócesis de Pittsburgh.

Después de hablar un momento con el obispo Bosco por el teléfono, él recordó que Mike y yo éramos los «que estábamos sentados en la parte de atrás del autobús» —es decir, en el último banco— durante las últimas semanas, y que *tal vez* Dios «me había dado un codazo» con el boleto de bingo y el recorrido por la capilla.

«¿Fue un "empujón"», me pregunté?

Programamos una cita para encontrarnos. Durante nuestra reunión, el obispo Bosco me dijo que le gustaría instruirme en la fe. Me gustó esa idea. Hicimos un plan para reunirnos semanalmente. Aunque su agenda estaba llena, sacó tiempo para reunirse conmigo casi todas las semanas durante un año.

Cuando me mostraron el magisterio de la Iglesia y aprendí sobre él, crecí en la fe y me recibieron en la Iglesia católica, y algunas gracias muy especiales se manifestaron. El obispo y las hermanas se hicieron amigos, no solo de mí, sino también de Mike. Él estuvo a mi lado en este viaje y regresó a la Iglesia.

Siempre estaré agradecida con las Hermanas del Espíritu Santo, con el «empujón», y con el hecho de que mi maestra y guía en este viaje fuera una de las siervas más brillantes, generosas y fieles de Dios, un verdadero discípulo.

—*Jan McCarthy*

Mi recuerdo favorito es el momento en que realmente reclamé la fe católica como mía. Me criaron como católica en un hogar practicante, me convertí en una «persona espiritual» no practicante durante la universidad, y volví a participar regularmente en una iglesia protestante cálida y acogedora a mediados de mi veintena. Esa iglesia fue fundamental para llevarme de nuevo a la adoración, aunque poco tiempo después comencé a sentir un anhelo por la riqueza y la plenitud de la iglesia que conocía de niña.

Un día decidí visitar mi antigua parroquia; no había servicio en ese momento, por lo que la iglesia estaba en silencio. Me acerqué a un banco y me arrodillé. Recuerdo con mucha claridad la fragancia del incienso y la cálida cera de la vela, la sensación de la persona arrodillada detrás de mí cuando me incliné hacia el banco que tenía adelante, la imagen de mi bella Madre Bendita dándome la bienvenida. En ese momento, todos mis sentidos envolvieron la iglesia a mi alrededor como un abrazo, y supe que estaba en casa.

—*Pamela Kavanaugh*

Un recuerdo católico favorito surgió el pasado domingo de Pascua, el 1 de abril de 2018. Yo estaba en mi parroquia, y al igual que todas las iglesias católicas en el domingo de Pascua, estaba adornada con flores hermosas. Una música alegre que celebraba la resurrección de Jesús llenaba el santuario. Los feligreses y sus invitados que no eran de la ciudad llenaban los bancos. La misa procedió como de costumbre hasta que un niño pequeño que había salido de uno de los bancos caminó por el pasillo central de la iglesia y se detuvo frente al altar. Permaneció allí, mirando al padre Jim prepararse para la liturgia de la Eucaristía.

Hubo casi un suspiro audible por parte de la congregación. Tuvimos un momento lleno de gracia.

Cuando el niño llamó la atención del padre Jim, nuestro pastor le sonrió y creo que lo vi guiñándole el ojo al pequeño.

El padre del niño caminó tranquilamente hacia el altar para ir por su hijo. Tomándolo suavemente de la mano, regresaron a su banco y la misa continuó. Pero no fue lo mismo. Tuve una conciencia renovada de lo que estaba ocurriendo.

Qué maravilloso regalo nos dio este pequeño a todos cuando se acercó al altar para ver lo que sucedía. Todos nosotros, viejos y jóvenes, deberíamos querer acercarnos a Cristo como lo hizo este pequeño fugitivo del banco. «Y un niño pequeño los pastoreará» (Isaías 11,6).

—*Nancy Bricker*

Hace diez años, fui postulante en una comunidad religiosa de

Nueva Jersey. Varias hermanas, incluyendo a quienes estábamos en formación, tuvimos el privilegio de asistir a la ordenación de un sacerdote. Fue fácilmente la ceremonia más extraordinaria a la que he asistido, salvo quizá por mi propia boda. Sentí la presencia del Espíritu Santo de una manera tan profunda que lloré durante toda la misa. Es posible que no vuelva a tener nunca el privilegio de asistir a una ordenación, pero es algo que siempre llevaré en mi corazón y en mi alma. Quisiera que todos los católicos pudieran asistir a ese evento.

—*July Sanchez-Sadowski*

Como profesor de teología en la escuela secundaria, tengo muchos recuerdos maravillosos de retiros y viajes con mis alumnos. Una de las cosas que les encanta hacer es orar en Adoración con música devota todos los jueves por la noche. En el último Día de Acción de Gracias, tuvimos a muchos alumnos que regresaron a este evento, y casi a cien estudiantes de secundaria y universitarios que rezaron, leyeron, cantaron y lloraron. ¡Siempre es muy poderoso ver eso, y me gustaría que otras personas vieran ese lado de la Iglesia que es joven, que reza y que está llena de entusiasmo!

—*Dan Finocchio*

Mi recuerdo favorito como católica fue crecer en mi fe durante mi adolescencia. Despertar en mi fe comenzó en el verano de 1984. Tuve la suerte de conocer a dos personas increíbles que produjeron un impacto en mi vida y me dejaron una impresión hasta el día de hoy. Un sacerdote —el padre Donald Henry— y una monja —la hermana Judy Baldino— fueron a mi parroquia. Yo tenía trece años, era tímida e ingenua, y solo iba a la iglesia porque era lo que se esperaba. No recuerdo haber sacado nada de ello. La iglesia me parecía fría y rancia. Sabía que lo correcto era ir el fin de semana, pero no me inspiraba. No sabía cómo iba a encajar mi fe en mi vida los otros días de la semana.

Mis experiencias anteriores con los párrocos habían sido severas y rutinarias. Nunca olvidaré la primera vez que me encontré con el padre Henry. Era un sacerdote de cabello rubio, ojos azules y una sonrisa de oreja a oreja, que llevaba una camiseta y pantalones cortos. Esa sonrisa nunca parecía abandonar su rostro. Curiosamente, me encontré devolviéndole la sonrisa. Él tenía mucho talento para atraer e inspirar a las personas. Sacaba lo mejor de ellas.

Unos días después conocí a la hermana Judy, que iba a ser nuestra asistente pastoral. Yo estaba intrigada porque nunca había sabido que una mujer tuviera un cargo como ese en la parroquia. La hermana Judy era italiana hasta la médula, con una personalidad enérgica, y le encantaba cantar. A mí también, pero era muy tímida al respecto. Estas dos personas tenían algo atractivo, y yo no podía dejar de estar cerca de ellas.

Poco sabía que estos dos individuos influirían en mí para convertirme en lo que soy actualmente. Comencé a explorar mi fe gracias a su aliento.

La hermana Judy notó mi amor por el canto y tomó a esta tímida chica que era yo y ejerció su confianza lo suficiente como para convencerme de cantar en el nuevo coro formado por ella. Actualmente, soy cantora en la iglesia, y también en bodas y funerales. Mi canto se ha convertido en una segunda forma de oración que ofrezco a los demás.

El padre Henry era un gran homilista. Yo salía con frecuencia de la iglesia con una parte de su homilía que despertaba mi curiosidad por aprender más sobre mi fe. Él ardía por Cristo y por la Iglesia. Era algo muy atractivo. Gracias a él aprendí que donar mi tiempo y mis talentos era un trabajo muy importante por hacer. Fue en ese trabajo que descubrí mi amor y talento para la enseñanza. Y tuve la capacidad de conectarme con niños que tenían discapacidades. Me sentí atraída por ayudarlos y, a su vez, mejoré cada día como persona.

Esta actividad por más de nueve años influyó en mi vida. Comencé a llevar una vida diaria de oración con su guía. Estoy eternamente agradecida con el padre Henry y la hermana Judy. Fui muy bendecida en mi adolescencia por el hecho de conocerlos. Fue algo que cambió el curso de mi vida para bien. El plan de Dios era llevarlos a mi vida cuando yo era una adolescente.

Actualmente, enseño Punto de decisión a los estudiantes de octavo grado en mi parroquia. Más de sesenta candidatos han pasado por el programa desde que lo empezamos en 2014. Trabajo con otros tres instructores adultos y con nuestro párroco para llevar a cabo el programa. También tenemos dos excandidatos de confirmación que ayudan con nuestro programa. Estamos haciendo una diferencia. Estoy transmitiendo a otros lo que he aprendido. Nuestra fe está cambiando vidas para bien.

—*Tina Seiger*

Una vez estuve entre el trabajo y la misa, tal vez sintiéndome más destrozado e indefenso de lo que ameritaba la situación. A medida que la canasta de ofrendas se acercaba a los bancos frente a mí, comencé a debatir en mi interior sobre qué hacer al respecto. La ofrenda de la viuda, una pequeña contribución, pero el dinero era escaso. Cuando la canasta estuve cerca de mí, metí impulsivamente mi mano en el bolsillo y saqué todo lo que tenía. Mientras veía pasar la canasta de banco en banco, como una lata de cerveza vacía flotando alrededor de las rocas en un arroyo del campo, pensé: «Me pregunto cuánto dinero di».

Mi vida cambió después de ese momento. Una perspectiva que parecía estéril y sombría se hizo abundante. En unas pocas semanas tuve entrevistas simultáneas para cinco trabajos. Sin saber qué hacer, decidí dejarle eso a la oración y le prometí a Dios que le daría el diez por ciento a la Iglesia (bueno, ¡Él había hecho un trabajo bastante bueno en ese sentido!).

Les recomiendo a todos, creyentes o no, que den de manera anónima el diez por ciento de sus ingresos después de impuestos a la caridad. Es algo que te cambia, y Dios no es el único que notará el cambio. Nunca he conocido a nadie que dé el diez por ciento y no sea más rico por ello.

—*Eric Karl*

Tengo una historia sobre el hecho de traer a mi hijo a casa para Navidad. Él tenía entradas, pero el 23 de diciembre su jefe lo mantuvo hasta tarde en el trabajo, aunque tenía permiso para irse temprano. Consiguió un taxi (en Manhattan) dos horas antes de su vuelo. Después de pasar una hora en el taxi, envió un mensaje de texto para preguntarme si podía encontrarle otra reserva porque estaba atascado en el tráfico y pensó que podía perder su vuelo. Mi esposo tenía «influencias» en una aerolínea, así que se lo dije, y él llamó por teléfono. Mientras tanto, le devolví el mensaje de texto a mi hijo y le dije que rezaría, y él respondió que ya estaba rezando.

Mientras tanto, una amiga mía se estaba muriendo de un tumor cerebral, y nos había pedido que rezáramos el Memorare, su oración favorita, y yo la había rezado varias veces al día. Así que decidí rezar para que mi hijo regresara a casa. Sin embargo, en un momento al final de la oración, dije simplemente: «María, sé que no hay nada que yo necesite; tengo una casa, comida y refugio, y en el gran esquema de cosas lo tengo todo, pero si hay alguna manera en que pueda ayudar a que mi hijo vuelva a casa para poder celebrar su cumpleaños, realmente lo apreciaría».

Quince minutos antes de que saliera su vuelo, mi hijo me envió un mensaje de texto: «Te lo diré en el avión cuando llegue a casa». Nos enteramos de que treinta minutos antes de su vuelo, aún seguía en el taxi. De repente, su taxi cambió de carril, no había tráfico y el conductor llegó. Nuestro hijo arribó al aeropuerto sin su tarjeta de embarque y vio tres quioscos. Dos de ellos tenían filas y el tercero estaba vacío. Nuestro hijo pensó que no tenía nada que perder, introdujo su tarjeta y recibió una tarjeta de embarque. Corrió al puesto de seguridad, y el agente de la TSA ya estaba cerrando la puerta, pero le hizo una seña. Mi hijo corrió hacia ella, y aún no habían cedido su asiento... Mi hijo dice que fue un milagro, ¡y yo digo que fue la Red de mamá!
—*Molly Sequeira*

Mi recuerdo favorito es el tiempo de oración actual cada mañana durante cuarenta y cinco a sesenta minutos, luego de tomar mi café. Estar con Dios y tomar café caliente es una manera perfecta para enfrentar el día y confiar en que «todo estará bien».
—*Peggy Daniels*

Tengo sesenta y dos años, crecí siendo católica y siempre lo he sido. Básicamente, solo hice los movimientos sin entender realmente lo que estaba haciendo hasta que leí *Redescubre el catolicismo*. En mi caso, el libro podría haberse titulado DESCUBRE el catolicismo.

Cambió mi vida literalmente, en especial cuando leí también *El ritmo de la vida* y *Plenamente tú*. ¿Cuál es mi recuerdo favorito de ser católico? Actualmente lo estoy viviendo.

—*Barth Guillette*

Mi recuerdo más reciente fue darle la bienvenida a mi nuera a la Iglesia católica. Eso fue impulsado por el Espíritu Santo. Comenzó hace tres años en la víspera de Navidad, durante la época en que ella y mi hijo estaban saliendo y esperaban a su primer hijo. Las cosas no eran estables. No fueron a la misa de Nochebuena con el resto de la familia. Me preocupó que algo estuviera mal y tuve miedo de las noticias que podría recibir. Ninguno de los dos contestaba mis mensajes de texto o mis llamadas.

Fueron a cenar a la casa de mi hermana y me dijeron que simplemente no habían podido y lamentaron haberse perdido la misa. Mi hijo me preguntó si yo podía llevarlos a la misa de medianoche y acepté. El padre Tom anunció al final de la misa que abriría las puertas de la iglesia a cualquiera que estuviera pensando en convertirse al catolicismo. Cuando salíamos de la iglesia, mi nuera me dijo: «Me gustaría ir a esa reunión. Quiero ser católica».

Me llamó el día anterior a la reunión y me preguntó si yo aún estaba dispuesto a ir con ella. Le dije que sí una y otra vez. La recogí, y ella comenzó a tener dudas en el camino. Estaba avergonzada por estar embarazada y sin casarse. Dijo que nunca la dejarían entrar, que era una pecadora y una fracasada. Le dije que todo estaría bien y que queríamos que fuera parte de nuestra iglesia. Añadí que el Espíritu Santo la había tocado en la víspera de Navidad y que tenía que dejar que la guiara.

Cuando entramos, el padre Tom estaba parado a un lado. Caminamos hacia él y le presenté a Jolie. Le expliqué su situación y cómo se sentía, y él le dijo que no se preocupara. «Todos tenemos problemas, y realmente nos gustaría que hicieras parte de la iglesia». La llevó aparte y hablaron unos minutos. Ella regresó con una sonrisa y completamente dispuesta. Su viaje tardó tres años en llevarse a cabo. Hubo muchos altibajos, pero ella se mantuvo firme por su cuenta y esta Pascua fue bautizada en la Vigilia Pascual. Fue increíble.

—*Tim Arnold*

Soy una madre de cuatro hijos de trece a veinte años. Hace unos años mi hijo mayor estaba próximo a graduarse de la escuela secundaria. Mi esposo y yo siempre permitimos que nuestros hijos reciban la Eucaristía antes que nosotros, por lo que obviamente vuelven primero al banco. Uno de mis recuerdos favoritos es volver al banco y ver a mis cuatro hijos arrodillarse en oración después de recibir la Comunión. Recuerdo que pensé lo hermoso que era y lo fugaz que es este tiempo juntos. Adorar con mis hijos es mi recuerdo favorito.

—*Emily Stickney*

Mi recuerdo favorito como católica es relativamente reciente. Hace poco más de año y medio, conocí a la madre de una de las amigas de mi hija, quien tiene seis años. Estábamos en un almuerzo de mujeres, y ella le dijo casualmente al grupo de mujeres que no se conocían muy bien entre sí, que leía la Biblia todos los días. Yo, que soy un poco reservada y había dejado de compartir mi fe con los demás desde mis años universitarios, mantuve la boca cerrada, pero también había estado leyendo la Biblia todos los días. ¡No creo haber compartido siquiera el hecho de estar leyendo la Biblia con las mujeres en la asociación de mi iglesia!

Me sentí tan culpable por no decir nada que esa misma noche le envié un mensaje de texto a esta mujer y le dije: «Qué risa, también leo la Biblia todos los días, ¡pero soy demasiado católica para compartir eso con todos!». Comenzamos a reunirnos con más frecuencia y tuvimos algunas conversaciones simples sobre la fe para compartir. Ella asistía a la iglesia de Willow Creek y me dijo que debería acompañarla allá. «Creo que cuando hablas (ella había estado hablando acerca de ayunar y meditar), pareces católica».

Un día estacionó su auto cerca de mi casa para recoger a sus hijos en la escuela y, sin siquiera pensarlo, salí corriendo y le entregué el libro *Roma, dulce hogar*, de Scott Hahn. Ella comenzó a leer el libro y, un par de días después, me llamó y me dijo que no sabía lo que estaba sucediendo, pero que a través de nuestras conversaciones y de la información contenida en el libro, se sentía llamada a la Iglesia católica.

Me convertí en su patrocinadora, y antes de que lo supiéramos, ella había encontrado a otra amiga nuestra que se le unió, y esa amiga tenía otra que se unió al grupo de RICA, y otra mujer de mi asociación que no era católica (¡no teníamos ni idea!), decidió unirse también. Para resumir la historia, mi nuevo recuerdo favorito como católica es vincularme con estas cuatro mujeres a través del proceso RICA y acompañarlas durante la Vigilia Pascual hace un par de semanas, donde fui testigo de un bautismo y de sus confirmaciones.

—*Kate Eichstadt*

Mientras estaba detrás de mi ahijada con mi mano en su hombro durante su confirmación, el obispo puso su mano sobre ella y sentí un escalofrío que me recorrió mientras el Espíritu Santo se hizo presente en su interior. Más tarde, ella bromeó diciendo que estaba temblando, y yo respondí: «¡No, Alexa, ese era el Espíritu Santo!».

—*Ann Herman*

¿Cuál es tu recuerdo favorito como católico?

- Llegar a ser una niña de las flores en la boda de [mi madrina]. Además, mi bautismo, aunque no lo recuerdo. (Greta, de nueve años)
- ¡La primera comunión y mi confirmación! La iglesia estaba llena, y yo llevaba un vestido hermoso. (Agnes, catorce años)
- La primera comunión, porque toda nuestra familia estaba junta, incluso los que no van a la iglesia. (Henry, doce años)
- ¡La confirmación! Fue simplemente increíble. Sé que todos mis meses de servicio y preparación se cumplieron ese día. (Jonás, catorce años)
- El «Ave María» durante nuestra boda. En un día con tanta actividad, fue la oportunidad de disminuir la velocidad y simplemente estar presente en el momento con Dios y con mi esposo. (Autumn, esposa y mamá)
- Mi confirmación hace tantos años... No solo por la Santa Cena, sino porque pude compartir el día con mi abuelo (que murió hace varios años), quien fue mi patrocinador ese día. (Jess, esposo y padre)

—*Familia Sweley*

Como estudiante de cuarto grado a mis nueve años en la década de 1940, les supliqué a mis padres que me dejaran ser un monaguillo en la iglesia católica de nuestra ciudad. Mis padres aceptaron a regañadientes porque vivíamos en el campo, yo era el menor de siete hermanos y éramos bastante pobres.

Me parecía muy especial ser un monaguillo y estar cerca de los sacerdotes y hermanas, y también pensé en Dios mientras servía en la misa.

En el verano, asistía a la misa de seis una semana o dos por mes, y mi papá me llevaba a la iglesia e iba a misa. Era su oportunidad para ser un católico practicante de nuevo, pues no había asistido a la iglesia desde hacía muchos años.

Nuestra familia notó que esto estaba cambiando su vida. Dejó de decir vulgaridades y de tomar alcohol. Mi madre y yo sentimos que mi servicio en la misa y que el hecho de llevarme a la iglesia cada vez que yo servía era la causa de su regreso al catolicismo. Mi padre fue un devoto católico durante los últimos veintidós años de su vida y uno de mis recuerdos favoritos míos de crecer como católico.

—*Nombre retenido*

Mi recuerdo favorito de ser católico probablemente no sea lo que esperaría como recuerdo favorito, pero me salvó la vida. Yo estaba pasando por una época terrible y oscura en mi vida. Estuve involucrado en el crimen y en una espiral descendente y total de pecado. Fui arrestado y enviado a prisión. Mi vida en la cárcel no mejoró. Cometí un delito en prisión y fui sentenciado a veinticuatro meses en régimen de aislamiento.

Allí, los únicos libros disponibles para leer eran los libros de leyes o la Biblia. Comencé a leer la Biblia despacio, y pronto la había leído y releído varias veces, cada vez con mayor comprensión. Después de dos años, fui trasladado de nuevo a la población general de la prisión. Sentí el cambio en mí mismo, y en ese momento no había sacerdotes en la cárcel, así que me uní a un estudio bíblico general. Eso no fue tan fácil como parece. Mis viejos amigos de la prisión no podían aceptar que yo hubiera descubierto a Dios, y me acosaban a diario. Las personas con las que solía comer me echaron de la mesa y me hostigaron una y otra vez. No me permitían practicar deportes ni participar en ninguna actividad para reclusos (que eran actividades controladas por ellos).

Fue un momento muy difícil, pero presioné para que trajeran a un sacerdote católico y continué rezando por ello. Finalmente sucedió, y comencé un grupo de oración. Con el tiempo llegó a tener treinta personas. La misa se celebraba semanalmente, con la participación de cien reclusos, y el número de asistentes aumentó. Dios salvó mi vida y me ayudó a redescubrir mi fe a pesar de todas las burlas y el lenguaje grosero dirigido hacia mí. Dios me hizo fuerte para seguir adelante, superar todo esto y levantar mi cabeza. ¡Estoy orgulloso de ser católico!

—*Thomas Earlywine*

Mi recuerdo favorito como católico es la primera vez que realmente sentí el poder de la confesión. Había pasado por muchas dificultades insuperables en mi vida, hasta el punto de que ya no sabía qué hacer. Antes de esta confesión, nunca me abrí tanto a un sacerdote por temor a que me juzgaran siempre por mis pecados. Sin embargo, superé esta idea preconcebida y me abrí durante la confesión, y honestamente sentí que estaba abriendo mi corazón a Dios. También tuve la suerte de tener un sacerdote que podía relacionar fácilmente mis problemas con las enseñanzas de Dios.

Desde ese momento, fue como si me dieran un nuevo par de ojos. Comencé a ver mi vida familiar, mis relaciones, mi carrera y casi todo de una manera diferente. Esto fue lo que me llevó a Dynamic Catholic, y a ser lo que soy en la actualidad.

—*Mike Palarz*

Mi hermana y yo solíamos pasar varias semanas cada verano con nuestra tía abuela, que era una hermana dominicana. Todas las noches nos dejaban participar en vísperas y en oraciones vespertinas. Incluso a mis diez años, ¡tenía la sensación de que nos llevaban al cielo todas las noches! Mientras las hermanas cantaban la canción y sostenían las velas, yo tenía la certeza de estar entre los ángeles celestiales que adoraban a Dios. Cuando mi tiempo aquí llegue a su fin, espero procesarlo con ellas para glorificar a la Santísima Trinidad. He conservado este recuerdo a lo largo de mi viaje terrenal, y espero que sea mi último pensamiento cuando abandone este mundo.

—*Denis Beck*

Soy católica de nacimiento, pero entender mi fe ha sido una tarea enorme. No me propuse conocer, amar y servir a Dios. Simplemente comencé yendo a misa para mantener contentos a mis padres. Me casé y formé una familia. Y luego, tristemente, mi segunda hija murió mientras dormía.

La pérdida supuso un sufrimiento indescriptible. Yo tenía solo veinticuatro años y mi vida se había derrumbado en un enorme agujero negro de confusión y dolor que simplemente no desaparecía. En la misa fúnebre de los Ángeles, el sacerdote rezó para que el alma de mi hija fuera llevada pronto al cielo. «¿Qué quieres decir, PRONTO?», pensé presa del pánico. «¿Dónde está ella ahora?».

Esta tragedia fue un llamado de atención para mí. Estaba enojada, sufría y buscaba respuestas a toda costa. Sentí que nunca volvería a ser feliz. Le había rogado a Dios por la vida de mi hija mientras mi esposo intentaba resucitarla. Nadie podría haber rezado con más sinceridad. Toqué esa puerta, pero Cristo no la abrió.

Así que estaba sola. Nadie podía entender. Nadie podía ayudar. Ni siquiera mi esposo pudo llegar a mí. Viví así durante años...

Me sentía abrumada en 1996. Tenía cuatro hijos, pero mi vida se sentía vacía. El trabajo de mi esposo lo mantenía alejado 180 días al año. Mi marido se había sometido a una cirugía para no tener más hijos, y eso arruinó nuestro matrimonio.

Un día en la misa, el sacerdote anunció que traería la Adoración perpetua a nuestra parroquia. Yo nunca había oído hablar de eso, pero tenía deseos de pasar una hora fuera de casa un día a la semana. Me inscribí para estar por fuera de casa. Pero Dios tenía otros planes.

Sola en la capilla a las 3:00 a.m., con mi Señor. Paz... Mi fe aumentó con el paso de las semanas. Comencé a leer libros buenos, que ofrecían una sólida enseñanza católica. Finalmente entendí el valor de la oración. Conocí a muchas personas que sabían mucho más que yo y que compartieron sus conocimientos conmigo. Un hombre había sido cirujano y realizado vasectomías. Como reparación por su propio pecado, ¡revirtió gratuitamente la vasectomía de mi esposo! Nuestro Señor me rodeó con personas de fe y despertó silenciosamente en mí el deseo de conocer, amar y servir a Dios. Yo ansiaba la Eucaristía, pero ahora entendía que primero tenía que confesarme. Nunca podré expresar mi gratitud ni mi alegría. Nunca ha disminuido... La iglesia católica me dio unas bases.

Por la gracia de Dios, nos dieron otro hijo, el sexto. La llamamos María Victoria, debido a la victoria de Nuestra Señora sobre el pecado en nuestras vidas. Este año celebramos nuestro trigésimo noveno aniversario de bodas.

Puedo enfrentar cualquier cosa en la vida ahora. Nunca estoy sola. ¡Deo gratias!

—*Nombre retenido*

Aferrándome a los antebrazos de mi madrina, me puse mi vestido blanco con cuidado. Ella me lo abrochó por detrás. Giré en círculos mientras dejaba escapar risitas y chillidos. El vestido se ceñía a mi cuerpo como si estuviera diseñado solo para mí; sus lentejuelas y joyas brillaban y relucían tanto que bien podría haber pertenecido a Cenicienta. Mi madrina procedió a rizar mi cabello con delicadeza y lo sujetó a la perfección. Como toque final, aseguró mi velo blanco de encaje y flor sobre mi cabeza. Me echó un vistazo y me dijo: «¿Podrías ser más bella?».

Unas horas más tarde llegó el momento para el que me había estado preparando, rezando y esperando. Era el momento que definiría mi viaje de fe y transformaría mi vida para siempre, ya sea que yo comprendiera o no la magnitud de la ocasión en su totalidad. Al acercarme al altar, mis tacones blancos hicieron clic en el piso de piedra. Yo estaba completamente emocionada. Cuando llegó el momento, me puse de pie, y con las manos extendidas, lista para recibir a Jesús por primera vez. Acepté a Jesús y a Su gracia con un «Amén» confiado.

Pronuncié otro «Amén» intrépido y tomé un sorbo con delicadeza mientras me dirigía hacia el cáliz. Bueno, en realidad, fue más un trago que un sorbo, y me dio un ataque de tos incontrolable. Entre respiraciones ásperas y lágrimas, le grité a mi madre en medio de la Comunión que necesitaba agua. Si las miradas pudieran enviarte directamente a las puertas del cielo, la mirada de mi madre lo habría hecho. Casi al instante, ella me llevó desde la parte posterior de la iglesia hasta la fuente de agua, tratando de evitar cualquier otra vergüenza pública. Cuando logré controlar mi tos y me sequé las lágrimas, pude escuchar a la congregación cantando el himno final.

Yo era *esa niña*. Todavía lo soy, esa niña cuya vida parece ser tan loca, cómica y caótica. Sigo siendo una chica hermosa y un desastre. En medio de la locura, la comedia y el caos, encontrarán a una persona que es simplemente imperfecta. ¿Saben en dónde más me encontrarán a mí y a muchas otras personas imperfectas? En la Iglesia católica. Porque la Iglesia no fue fundada para aquellos que son perfectos y lo tienen todo junto. Jesús vino por los pecadores, los imperfectos. Jesús viene a cada misa en la Eucaristía por ti y por mí.

—*Alex Breindel*

Crecí en un hogar que asistió varios años a una iglesia bautista, y luego mis padres decidieron ser miembros de una iglesia sin denominación cuando yo estaba en la escuela secundaria. Después de ir a la universidad, no sentí ninguna obligación de asistir a una iglesia, y ninguno de mis amigos lo hizo. Mientras intentaba descubrir quién era yo y qué quería hacer en la vida, Dios y la religión nunca entraron en la ecuación. Todo el tiempo mi madre continuó yendo a la iglesia, leyendo la Biblia y rezando diariamente. Yo la acompañaba ocasionalmente a la iglesia por un sentido de lealtad hacia ella.

Después de graduarme y comenzar mi carrera, ocurrió un milagro: conocí al hombre más maravilloso del mundo. Mientras

estábamos saliendo, no me presionó para ir a misa, pero iba todos los domingos y me hablaba sobre cómo eran las cosas. Even-
tualmente comencé a ir con él. Lo que más me sorprendió fue lo
acogedor que era todo el mundo.

Nuestro amor aumentó, y cuando él me propuso matrimonio, pensé que estaba soñando. ¡Qué suerte tuve de conocer a un
hombre amoroso y devoto como este! Sin embargo, a medida que
pasaba el tiempo, me di cuenta de que había algo que faltaba en
mi vida, a pesar de mi carrera y de mi marido maravillosos.

El siguiente otoño entré a RICA, y los maestros y la comunidad parroquial nos animaron mucho. ¡Qué experiencia tan
poderosa y gratificante! Fui bautizada y confirmada en la noche
de la Vigilia Pascual, y se celebró la Eucaristía. Las palabras no
pueden describir la experiencia tan poderosa y emotiva que fue
para mí.

Cada año revivo esa experiencia a gran escala durante el Triduo, pero en realidad, la revivo todos los domingos. Jesucristo me
ha cambiado para siempre, y estoy celosa de todas las personas
nuevas que entran cada año a RICA. Espero poder ser un ejemplo para aquellos que no están seguros de querer ser católicos y
alentarlos.

—*Amy Obremski*

Durante el Adviento de 2016, alcancé un mínimo histórico en mi
depresión. Me costaba dormir. En lugar de permanecer acosta-
da, decidí levantarme y leer libros espirituales que recomendaba
mi sacerdote. Él nos dio una copia de *Resistiendose a la felicidad*.
Pronto me di cuenta de que yo estaba buscando el crecimiento
espiritual. Una cosa que Matthew Kelly mencionó fue asistir a

una misa extra cada semana. Busqué los horarios de las misas en nuestra pequeña ciudad y encontré la casa madre de las Hermanas de San José.

La primera vez que fui, la canción de entrada, «The Summons», me atrapó y realmente rompí en llanto. Avancé a tientas durante esa misa, y una de las monjas dulces detrás de mí me ayudó. Siempre he admirado la devoción de mis abuelos por la fe católica, pero sabía que necesitaba hacerla mía. Les pedí ayuda en esa misa. El himno de fin de oficio «Aleluya celta» era su pieza favorita, y después de eso supe dónde tenía que ir todos los miércoles.

Esa misma monja me ha enseñado como mi nueva directora espiritual que no hay tal cosa como una coincidencia… Solo pequeños milagros. He leído varios de los libros de Matthew Kelly y he organizado un grupo en torno a los libros con seis personas en mi trabajo. Dos de ellas han vuelto a misa.

La fe católica está destinada a ser compartida. Cuanto más leemos, hablamos y escribimos acerca de Jesús, más vivo está Él dentro de nosotros. Ahora veo a Jesús en todas partes… Incluso en la escuela pública donde doy clases en el kínder. (Si Jesús está dentro de cada uno de nosotros, no se lo puede dejar por fuera de las escuelas públicas). Para mí, Jesús es el amor incondicional que se siente cuando sea y dondequiera que estemos. Espero que este hermoso regalo que recibí sea como siempre me ven mis alumnos y todos los demás en mi vida.

—*Beth Castilleja*

Mi recuerdo favorito es bastante reciente. Durante el año pasado me encontré en un lugar muy maravilloso con mi fe. Le doy crédito a Dynamic Catholic por esto. Comenzó mientras leía *Resistiendose a la felicidad*. En 2017 tuve mi primera experiencia de «Mejor Cuaresma». Luego, tuve mi primer «Mejor Adviento» y me encantó leer el libro *Bella esperanza*. Finalmente, en la pasada Cuaresma, participé en la «Mejor Cuaresma de mi vida» y asistí a mi primera misión parroquial. El padre Larry Richards fue el invitado, ¡y no tengo palabras para describir los efectos en el cambio de vida que ha tenido su predicación sobre mí! Cuando terminó la Cuaresma, tuve la tristeza de haber terminado, como un final de vacaciones o la decepción del final de la temporada de Navidad. Mi esposo incluso me comentó que había notado que yo había tenido una Cuaresma increíble, y que nunca había visto a nadie tener tanta expectación y alegría por esa temporada.

—*Jillian Faith Dureska*

Tengo el privilegio de ser un ministro de la Eucaristía al que se le permite ofrecer servicios de comunión en la prisión de máxima seguridad para hombres en el pueblo vecino. Van desde adolescentes hasta octogenarios, algunos de los cuales morirán en esta prisión. La presencia de Dios en algunos de estos hombres solía sorprenderme, pero cuanto más tiempo sirvo allí, más seguro estoy de que Dios tiene una presencia especial en la prisión. Parece que cada semana uno de los hombres revela la presencia de Dios en su vida, ya sea por medio de su reflexión sobre las lecturas o con palabras de aliento mutuo.

Una vez, cuando estábamos ofreciendo oraciones de petición, uno de los reclusos dijo: «Oremos por nuestras víctimas, no para que nos perdonen, sino para que puedan encontrar la sanación y estar completos nuevamente. Continuó con la idea de que los prisioneros nunca pueden ser perdonados, pero que no necesitan serlo. Son culpables de sus crímenes. Los lastimados merecen una vida mejor que la que le han infligido estos hombres. El resto de los hombres estuvieron de acuerdo con él y le pidieron a Dios que ayudara a las víctimas.

Estos asesinos y violadores me tratan con el mayor respeto y aprecio. Son amables y cariñosos el uno con el otro y conmigo. Nunca me detengo en sus crímenes, solo en el lugar en el que se encuentran ahora en su camino de fe, y en la manera en que pueden ayudarse mutuamente para alcanzar su potencial como hermanos en Cristo.

Sin la Eucaristía me sentiría como una persona amable que los visita, pero llevarles la Eucaristía es un tipo de alegría diferente. Hace una comunidad más fuerte de amor y apoyo, una unidad de los olvidados que pueden haber hecho cosas terribles pero que pudieron regresar a la humanidad en el amor de Dios.

—*Kathryn Poston*

Cuando yo tenía once años y mi hermano Brian tenía cinco, mis padres nos dieron permiso para hacer una «pijamada» en la cama doble que me habían dado como parte de nuevos muebles para mi nuevo cuarto. Ambos nos metimos en la cama mientras nos reíamos con entusiasmo, y mi padre fue el último en salir de la habitación. Cuando tocó nuestras cabezas y dijo sus habituales «Buenas noches, dulces sueños, Dios los bendiga, los amo», agregó, «No olviden sus oraciones; agreguen una para que llueva esta noche». Realmente podríamos hacerlo». Una vez que él salió, Brian y yo dijimos nuestras oraciones regulares, y luego decidimos orar a la Virgen María para que nos ayudara con la lluvia que tanto necesitábamos. Acabábamos de rezar cuando empezamos a escuchar un ruido fuerte en la terraza. Era esporádico al principio, y luego comenzó el aguacero. Brian y yo nos miramos con ojos asombrados en medio de la oscuridad; entonces, sonriendo alegremente, nos acurrucamos juntos y nos quedamos dormidos. Desde ese momento, el amor tranquilo de María no solo por Jesús, sino también por todos sus hijos, siempre ha sido muy claro para mí. Por supuesto, como adulta, mis oraciones se han expandido mucho más allá de rezar para que llueva, pero siempre siento paz al saber que ella escucha atentamente e intercede a menudo en mi nombre.

—*Lisa Fernandi Braddam*

WCuando me casé por primera vez en 1974, enseñé en la escuela primaria católica local. Lo hice durante cinco años y luego pasé a las escuelas públicas cercanas, donde enseñé por un total de treinta y seis años. Cuando comparo las dos experiencias, debo decir que los años de la escuela católica fueron los más gratificantes. Los niños se dedicaron a sus estudios y a su fe. Se aceptaron mutuamente y se animaron positivamente. El apoyo de los padres también fue increíble. Yo sabía que siempre estaban conmigo y que me ayudaban cuando los necesitábamos. Poco antes de mi último día de verano en 1976, mis adorables alumnos de primer grado y mis padres me sorprendieron con un baby shower para mi primer hijo. Los estudiantes guardaron el secreto y quedaron muy contentos con su sorpresa. Recientemente vi a algunos de ellos, quienes incluso recordaron ese evento y preguntaron por mi hijo, que ahora tiene cuarenta y dos años.

Después de retirarme, asistí a misa los domingos por la mañana y vi un empleo de enseñanza de tecnología a tiempo parcial en la escuela secundaria católica local. Mi esposo tenía un cáncer que estaba bajo control, y yo sentí un nuevo llamado. Después de pedirle a Dios por este posible trabajo, escuché atentamente y respondí cuando Dios me animó a solicitar el empleo. Presenté mi solicitud y esperé. Me ofrecieron el cargo de docente y, una vez más, los estudiantes, los padres y el personal me apoyaron y me dieron la bienvenida a la «familia» con sus brazos y corazones abiertos. A medida que el cáncer de mi esposo se hizo más delicado, el personal y los estudiantes me consolaron y nos incluyeron a mi esposo y a mí en sus oraciones. Los estudiantes llevaron a cabo incluso un rosario para toda la escuela: ¡qué acto de fe tan asombroso!

Sé que Dios tenía un plan para que yo entrara nuevamente a la escuela católica. Había completado el círculo en mi carrera docente y estaba en casa. Siempre estoy agradecida de haber escuchado la dirección de Dios para mí y para mi vida. Soy más fuerte en mi fe debido a la dirección que tomé. Puedo decir sinceramente que Dios es grande y que Él sabe qué es lo mejor para mí. ¡Gloria a Dios!

—*Susan Wood*

Mi recuerdo favorito como católico (aparte de los grandes recuerdos que tengo de cuando era monaguillo) sucedió el año pasado. Fui a un Encuentro Matrimonial de Fin de Semana y me enamoré de mi esposa de casi treinta y cuatro años, y de Dios, una y otra vez. Aprendí el verdadero significado del sacramento del matrimonio, y mi esposa Anna, Dios y yo, nos convertimos en uno en 1984, tal como se esperaba. ¡Qué humilde, hermoso y alarmante fue todo! Aprender juntos sobre la vida, la comunicación e incluso la muerte realmente nos despertó. Todos los aspectos del fin de semana fueron muy espirituales, y el amor en la habitación fue increíble.

—Hector Zayas

I Fui a la escuela católica mientras crecía en los suburbios de Filadelfia. Tengo cálidos recuerdos de un fuerte vínculo entre los feligreses, los sacerdotes, las Hermanas del Inmaculado Corazón de María y los maestros laicos, y a menudo lamento no haber enviado a mis hijos a la escuela católica. Cuando miro hacia atrás, una hermana se destaca; no estoy segura de si esto sucedió porque no fue un año académico particularmente bueno para mí o porque ella se acercó a mí, queriendo que yo entendiera el tema de manera genuina y paciente. Años más tarde, lo que recuerdo es su disposición, su felicidad interna y su brillo que eran contagiosos. Incluso de niña pensé, *Quiero ser tan feliz como ella. Pero ¿qué la hace tan feliz? ¿Qué está haciendo ella que la hace tan positiva, enérgica y humanitaria?*

No fue hasta muchos años después cuando pensé en esta hermana y me di cuenta de que el Señor se me estaba mostrando poco a poco y me estaba enseñando cómo era una vida dedicada a Él. A veces, durante los días agitados de la familia y los compromisos laborales, pienso, *¿Cómo sería la vida si yo le sirviera al Señor como esa hermana?* Rápidamente me doy cuenta de que todos tenemos un propósito, y el mío es ser la mejor versión de mí misma como esposa, madre, hermana, hija… y discípula.

—Lizanne Kile

Un recuerdo favorito es estar en el Congreso de educación religiosa de Los Ángeles y hablar con Matthew Kelly por un momento breve y estrecharle la mano para agradecerle por la charla de «quince minutos en el aula de Dios», la cual me motivó a crecer en el catolicismo. Tras sentir su cansancio, recé por él ese día, y he permanecido en oración por sus esfuerzos, lo que me llevó a interesarme por el Dynamic Catholic Institute y el Programa de Embajadores.

—*Lorraine Villegas*

Mi recuerdo más conmovedor y valioso como católica fue durante el semestre de primavera de 2007, mientras estudiaba en el extranjero a través de la Universidad Franciscana en Austria. Tuve la oportunidad de servir en los baños de Lourdes durante la Semana Santa y experimentar la paz y la curación de nuestra Madre Santísima. Qué honor fue ver la fe de las mujeres que vinieron a los baños, orando y esperando la curación espiritual y física de todo el sufrimiento que llevaban en sus corazones y cuerpos.

Todos los días pasaba por la gruta llena de velas encendidas con intenciones de oración procedentes de todo el mundo y abrigaba ese sentido universal de familia y pertenencia. En muchos sentidos, Lourdes me pareció como un regreso a casa, y fue la primera vez que sentí el amor que nuestra Madre Santísima tenía por mí y por todo el mundo. Ella me llamó allí por un propósito, y ese propósito era aprender a amarla.

Con el paso de los años, el fruto de ese encuentro inicial con ella ha crecido y se ha convertido en una relación profunda y permanente que atesoro más con cada día que pasa. Ella es mi amiga, mi consuelo, mi guerrera de oración, mi intercesora, mi paz y mi maestra. Sin embargo, y en última instancia, María es mi madre, y sé que no hay nada que yo pueda decir o hacer para que me quiera menos.

—*Elizabeth Kuhn*

El día que sentí por primera vez que el Espíritu Santo llenaba mi corazón y me ofrecía una serenidad que nunca había conocido es el día más memorable como católico para mí. Después de vivir mi vida preocupándome por complacer a los demás durante muchos años, ahora espero un futuro en el que viviré para agradar a Jesús y entregarme a Su voluntad. Mi corazón está lleno de alegría al saber que Él me ama realmente y que siempre tendré Su gracia en mi vida.

—*Allan Gaherty*

Mi recuerdo favorito es el tiempo que pasé con Sor Regina, una amiga de la familia y monja del orden de las Clarisas. Ella sintió de inmediato una simpatía por mí. Ingresó al convento a los veinte años y fue «Madre Superiora» de su orden en tres ocasiones.

Una de las últimas veces que la vi con vida fue en una visita a Omaha, donde estaba su convento. Ella tenía poco más de noventa años en ese momento. Me abrazó… me dijo que me mantendría en sus oraciones… me regaló su rosario, que había mantenido todos esos años en el convento, y me dijo que quería que yo lo tuviera. Dios mío, ¿pueden imaginarse todas las oraciones que se hacen en ese rosario a lo largo de tantos años? Hay mucho poder espiritual en ese rosario, que tengo y utilizo hasta el día de hoy. Cada vez que comienzo el rosario en esas cuentas, levanto la vista y digo con una sonrisa en mi cara: «Vamos, hermana Regina, oremos juntos».

—*Jim Mumaugh*

Mi recuerdo favorito es la primera vez que me di cuenta de que Jesús me había «hablado». Estaba sentado tranquilamente en la parte de atrás de una iglesia, lamentando todos mis problemas, mientras mis ojos estaban «dirigidos» al crucifijo, y sentí a Jesús responder mis preguntas. Un rubor se esparció por todo mi cuerpo. Nunca lo olvidaré.

Otro recuerdo profundo fue experimentar realmente un «milagro» cuando el auto que conducía comenzó a girar durante una lluvia cegadora. Justo antes de estrellarse contra un divisor de la carretera, el auto frenó en seco en el borde izquierdo, lejos del tráfico. El primer sonido que escuché después de que el auto se detuvo fue el del rosario, que había estado en mi regazo, el cual voló a la parte delantera del auto y aterrizó en el piso del lado del pasajero. Miré ese rosario en el piso, comprendiendo que la Santísima Madre, mi ángel guardián y toda una hueste de protectores celestiales se habían ocupado de mí y querían que yo supiera que no había otra explicación para que el auto se detuviera tal como lo hizo.

—*Denise Frederick*

Mi recuerdo favorito fue asistir a mi primer fin de semana de «Cristo renueva su parroquia (bienvenidos)». Me cambió de ser católico de una hora a la semana a ser católico de tiempo completo, con todos los maravillosos beneficios que ofrece tener a nuestro Señor y Salvador como mi mejor amigo.

—*Vince Turnquist*

Uno de mis recuerdos católicos favoritos fue el resultado de una conferencia de un día de Hermandad de hombres católicos (CMF) en 2000. En la década anterior al año 2000, yo era un católico no involucrado; iba a misa, pero no hacía nada más. A finales de la década comencé a sentirme inquieto, sintiendo que debía hacer algo más.

En 2000 supe de una conferencia de CMF con dos oradores conocidos a nivel nacional: el padre Benedict Groeschel y Chuck Colson. Días antes de la conferencia traté de conseguir una entrada, pero me dijeron que lo hiciera en la puerta.

Poco sabía yo del plan de Dios para mí. Sin una entrada, conduje a Cincinnati un día antes de la conferencia. En el motel, mi cuenta se redujo en un tercio debido a una promoción de motel. La mañana de la conferencia, encontré un lugar de estacionamiento más barato de lo que esperaba. Mientras me dirigía a la conferencia, pensé, *No aceptes la primera oferta, toma la segunda*. Un hombre se acercó y me dijo: «Aquí tienes una entrada por veinticinco dólares». Otro replicó: «¿Por qué comprar esa cuando podrías tener esta gratis?». Tomé la segunda entrada.

El primer orador de la conferencia era desconocido para mí, un joven llamado Matthew Kelly. Contó muchas historias interesantes, pero hubo una que se destacó entre las demás. Era la historia de Fred, un hombre cansado de la misa. Dios le habló un domingo: «Si quieres ser feliz, la semana que viene haz esto y deja de hacer aquello». Pero Fred no siguió el consejo de Dios. Semana tras semana, Dios le dijo lo mismo a Fred. Finalmente, Dios le dijo a Fred: «¡No recibirás la segunda lección hasta que completes la primera!».

El padre Benedict Groeschel y Chuck Colson dieron charlas excelentes por la tarde. Así que compré las grabaciones de las conferencias. Escuché las tres charlas durante mis cuatro horas de regreso a casa en North Canton, Ohio. Pero el mejor recuerdo de mi viaje ocurrió cuando me di cuenta de que el plan de Dios era escuchar la charla de Matthew Kelly. Su mensaje era que Dios quiere lo mejor para mí y que el llamado de Dios es un llamado a la alegría. La historia de Fred me conmovió. Era hora de recibir la segunda lección.

Como resultado de mi viaje, tuve una reunión con el pastor de mi iglesia. En esa reunión, describí la historia de Fred, hice una confesión y pedí que me convirtiera en un feligrés. El pastor estuvo de acuerdo y me dio un buen consejo. Luego me pidió que ayudara a programar a los ministros laicos para la misa del fin de semana. Como programador, conocí a más de noventa feligreses que se convirtieron en mis amigos. Me convertí en parte de la comunidad parroquial.

Hubo otros cambios. Me convertí en miembro del comité de liturgia y del comité de formación de adultos en la fe. Aprendí la enseñanza de la Iglesia leyendo y estudiando la Santa Biblia y el *Catecismo de la Iglesia católica*. Pude apreciar la misa al participar como programador, lector y servidor del altar. Y comencé a decirles a quienes conocía: «Que tengas un buen día», ya que el llamado de Dios es un llamado a la alegría.

—*Frederick G. Carty*

Mi recuerdo favorito es visitar a un joven judío con cáncer que era paciente en un hospicio. Yo era su voluntario allí. Después de varias visitas con él, me dijo que le gustaría ser católico. Me sentí un poco dudoso de ayudarlo a avanzar hacia esa meta, porque sus padres me reprendieron incluso por sugerirle algo así a su hijo moribundo.

Les aseguré tan amorosamente como pude que esa decisión era totalmente suya. Recibí varias llamadas de su rabino, quien me decía que yo estaba lastimando a esta familia ya dolida de por sí. Seguí asegurándoles a todos que no estaba sugiriendo su conversión, sino que solo estaba siendo testigo de mi propia fe.

El paciente se convirtió al catolicismo tres semanas antes de morir y estaba convencido de que había tomado la decisión correcta. Cuando me pidió que participara en su funeral y diera el elogio, no supe qué esperar de su familia. Pero cuando terminó el rito del entierro cristiano, ambos padres se abrazaron y me dieron las gracias. Siempre recordaré esto.

—*John DiMaggio*

Le tejí un chal a mi padre mientras él agonizaba (él siempre tenía frío debido a su enfermedad, pero pensé que lo iba a calentar; ¡qué curioso pensar que podemos cambiar!). No lo terminé a tiempo, así que lo guardé cuando murió. Después de un tiempo, comprendí que podía dárselo a mi hermana menor, que había cuidado tan bien a papá. Ella estaba tan emocionada que pensé que iba a comenzar un ministerio de oración en mi pequeña parroquia.

Mi pastor fue extremadamente receptivo, aunque nadie respondió a los anuncios que puse en el tablero. Me estaba desanimando, pero el padre Kris me dijo: «Determina la fecha de tu primera reunión y vendrán». Me complace decir que eso fue hace ocho años, y las mismas ocho damas llenas de fe que se presentaron esa primera noche están tan comprometidas como siempre con nuestro ministerio. Cuando mi pastor dijo: «Vendrán», pienso en Jesús, quien dijo: «Síganme».

—*Marilyn Schwasta*

Mi recuerdo favorito como católico es el del perdón. Mi primera reconciliación fue cuando yo era padre de cuatro hijos y estaba en mi treintena. Recuerdo haber anotado mis pecados en

un papel (por más de treinta años) para no olvidar algo importante. Recuerdo que me temblaba la mandíbula mientras le leía los pecados al sacerdote y lo humillante que fue esto. Sin embargo, lo que más recuerdo es cuando el sacerdote me absolvió: cómo el peso de todos los pecados se levantó de mis hombros y realmente sentí el perdón de una manera física y mental. Salí sintiendo apenas mi propio peso corporal, extremadamente agradecido y asombrado.
—*Greg Kaiser*

Mi bautismo es mi recuerdo favorito. Llegué tarde al Señor y he recibido una nueva vida a través de mi bautismo. Recuerdo que en uno de sus eventos, Matthew Kelly habló acerca de ser transformado y de lo que esto significa para cada uno de nosotros. Habló acerca de cómo algunos de nosotros queremos ser modificados, pero no realmente transformados. Esto fortaleció mi resolución de cambio y transformación, y me mostró que tengo opciones, y la opción que quiero es ser lo que Dios quiere que yo sea. ¡Mi bautismo me ha conducido a muchas cosas nuevas en mi vida, ¡por las cuales estoy muy agradecida!
—*Kathy Greene*

Todos mis recuerdos están bajo el título de «familia». Me encanta recordar cómo, cuando mi abuela venía a visitarme, mi madre y mi padre, mis seis hermanas y mi hermano se sentaban en la sala a rezar el rosario por la tarde. Me encanta que toda mi familia fuera a la iglesia todos los domingos y ocupara un banco entero. Y me encanta haber podido compartir mi fe con mis hijos, ¡que también parecen «entenderlo»!
—*Nombre retenido*

Mi recuerdo favorito fue en un Jueves Santo hace varios años. Cuando se apagó la luz del santuario, por alguna razón sentí una tristeza muy profunda. Había visto cómo sucedía esto en la misa del Jueves Santo durante años, pero esa noche sentí lo triste y solo que Jesús se había sentido esa noche hace dos mil años. Puede parecer extraño que este sea un recuerdo favorito, pero nunca quiero perder la cercanía absoluta que sentí con Jesús esa noche.
—*Gerri Stanko*

Mi recuerdo favorito: la visita del papa Francisco a Filadelfia. Me ofrecí para ayudar a personas discapacitadas. Me asignaron a una mujer no católica con cáncer… ¡y ella fue curada!
—*Toni Saldutti*

Toda mi vida he sido católico. Mientras crecía, ir a la iglesia y ser católico parecía ser básicamente una obligación. Esto estaba mediado por tener que hacer tareas domésticas y trabajar en el negocio familiar. Mi madre era maestra de escuela y mi padre era dueño de una tienda de licores en el barrio más pobre de Detroit. Mis tres hermanos y yo nos turnamos para trabajar allí, pero era demasiado peligroso para mis hermanas. A los doce años, finalmente fui lo suficientemente grande como para caber en el chaleco antibalas que nos turnábamos (solo teníamos uno para compartir entre los cuatro).

Mientras estaba en la escuela de medicina, ayudé a cuidar a mi padre, que era paciente en el hospital donde me estaba formando para ser médico. Después de sucumbir finalmente a los estragos de la enfermedad vascular, la diabetes y la insuficiencia cardíaca, tomé un año sabático y estudié una maestría en literatura inglesa en la Universidad de Edimburgo en Escocia. Viajé por el mundo buscando la iluminación en experiencias, estudios, el arte, la filosofía, la música y las actividades mundanas. También hice muchas cosas aparentemente para el bien supremo: cuidé a miles de pacientes y por varios años hice trabajo de socorro internacional en barrios muy pobres. Hice lo que parecían ser muchas cosas buenas según las versiones del mundo exterior mirando hacia adentro. Pero no las hice con Cristo como mi centro.

Eso solo ocurrió después de una experiencia muy profunda en un momento crítico de mi vida, durante el sacramento de la Reconciliación, cuando comprendí claramente que era un sacramento y no simplemente una catarsis psicológica.

Solo ahora, justo después del punto medio de mi vida, me doy cuenta de que ser católico es el plan para ser feliz. Solía rezar para tener la convicción de un cristiano nacido de nuevo. Ahora estoy completamente convencido de la verdad, el poder y la belleza de la Iglesia católica. Y quiero acercar a la gente a través de mis acciones.

—*Dr. Gary Sarafa*

Es difícil elegir un solo recuerdo, pero diría que fue un retiro de fin de semana para hombres en 1995, llamado Cristo renueva su parroquia (Bienvenidos). Fue una experiencia muy conmovedora que cambió mi vida y me hizo comenzar a rezar diariamente el rosario.

—*Mike Munn*

Mi recuerdo favorito de ser católico es asistir a escuelas católicas y ser testigo del ejemplo de las buenas monjas dominicanas que se sacrificaban y se entregaban a sí mismas con tanta generosidad, y que llevaban vidas tan simples.

—*Helen Lehner*

Un recuerdo favorito es asistir a los servicios del Viernes Santo con mi querida abuela. Mi querida abuela, que vivió hasta los noventa años, es una de mis inspiraciones para ser un católico devoto. Después de la muerte de abuelo, siempre me aseguraba de no trabajar el Viernes Santo. Le compraba flores de Pascua a mi abuela, iba a su casa y luego la llevaba a la iglesia, donde venerábamos la cruz. Estas experiencias nos acercaron aún más. Después del servicio, visitábamos la tumba de mi abuelo y luego regresábamos a su casa, donde ella tomaba su sopa de almejas casera. Siempre conservaré estos recuerdos.

Otro recuerdo favorito es hacer un «Rosario Viviente» en sexto grado. Incluso tantos años después, todavía recuerdo la paz y la emoción que sentí cuando llegó mi turno de hablar en la ceremonia. Cuando yo era un niño cuya voz estaba tardando en cambiar, a menudo me avergonzaba hablar en voz alta frente a un grupo. ¡Pero ese día, dije mi Ave María con fuerza y claridad! ¡Esta es la inspiración de nuestra fe católica!

—*James Wren*

Tener apenas diecisiete años y estar en primer año de secundaria tiene muchos altibajos. Pero tengo dos recuerdos que recordaré por el resto de mi vida como hija católica de Cristo.

He estado yendo a Steubenville St. Paul por casi cuatro años. Es un campamento de verano de tres días en Minnesota, donde los católicos de todo el país se reúnen para alabar a Jesús. Una vez, me acerqué a uno de mis amigos, de quien podía decir que *no* estaba bien. Lo llevé a un lado y hablamos. Ahora, este amigo mío es un chico callado; no habla mucho y no le gusta hablarle a nadie de Dios. Pero una vez que estuvimos solos, comenzó a llorar y a decir lo mucho que amaba este lugar y que no quería irse. Él sabía que cuando regresáramos a casa, volvería a ser como siempre. Le dije que no tenía que volver a su antiguo yo, que podía venir conmigo a misa o a la adoración en cualquier momento. Desde ese día, me he enamorado de ser católica, y no me importa quién lo sepa o quién me juzgue por eso.

El segundo recuerdo es el momento en que un sacerdote visitó a nuestro grupo de jóvenes y nos habló sobre ser católicos y difundir nuestra fe a todos los que nos rodean. Voy a una escuela pública y no hay muchos católicos o cristianos allí. Pero hay una escuela católica justo al otro lado del río desde nuestra escuela, y el sacerdote dijo que esa era la escuela a la que deberíamos ir. Uno de mis amigos preguntó: «Si vamos a esta escuela católica, ¿quién va a ser el que difundirá la fe católica en nuestra escuela?». Me di cuenta de que tenía razón, y esto también me ayudó a vivir mi fe católica, aunque la gente me juzgue.

Estas dos experiencias me han ayudado a convertirme en la persona que soy actualmente.

—*McKayla Marie Swallow*

Cuando era niña, una monja me dijo: «Cuando tengas miedo, simplemente extiende tu mano y pídele a Jesús que la sostenga». Lo he hecho desde que tenía seis años, y siempre le he dicho a mis hijos y nietos que hagan lo mismo. Cierro los ojos y lo veo allí conmigo, sosteniendo mi mano. Obtengo una paz y un bienestar innegables. Mis hijas y nietos dicen lo mismo.

—*Gerry Short*

Mi recuerdo favorito es mi matrimonio con mi esposa Suzanne. Dios realmente me ayudó a elegir a la persona que me ayuda a completarme y acercarme a Él. Llevamos cincuenta y tres años casados y, sin embargo, parece que nuestra boda fue ayer. Tenemos altibajos como todas las parejas, pero nunca nos vamos a dormir sin tomarnos de las manos y rezar a Dios. ¡Sé que Él está escuchando!

—*Marv Marek*

Mi recuerdo favorito es el más reciente. Soy católico de nacimiento y mi esposa es conversa. Hace cinco años, ella llegó a casa de RICA (como patrocinadora), me entregó una copia del *Catecismo* y dijo: «Necesitas leer esto. Se supone que eres el líder espiritual de esta familia». Esa semana lo leí de principio a fin y fui renovado de inmediato en mi fe, todo debido al hombre que le enseña el RICA a mi esposa, y que le mostró ese libro. Actualmente estoy terminando el primero de mis cinco años de formación para ser diácono.

—*Bob Denne*

Mi recuerdo favorito como católico es rezar la Novena (de aguinaldos) todos los días desde el 16 de diciembre hasta la Nochebuena. Mi familia es colombiana, y esta es una hermosa tradición practicada por los católicos colombianos. Los niños se reúnen con instrumentos musicales, y después de las oraciones del día, ¡todos cantan canciones (villancicos) en anticipación esperanzadora de la Navidad! Cuando era niña, me encantaba hacer esto porque me daba la oportunidad de ver todos los días a mis primos. Hoy, veo con cariño estos recuerdos y reflexiono sobre la belleza de saber que, en un país en este mundo enorme, hay fieles católicos que cantan exactamente las mismas canciones y rezan las mismas palabras, ¡para dar gloria a nuestro rey celestial!

—*Nora Gonzalez*

Hace dieciocho años, mi esposo murió de un ataque al corazón mientras iba en el auto conmigo. No volví a la iglesia después de eso durante casi diez años. Fui a trabajar a Francia y una de mis amigas me pidió que me encontrara con ella en París y la llevara a Lourdes. «Está bien, amiga, te llevaré, pero por favor no me hagas ir a la iglesia», le dije.

Tan pronto llegamos, llevamos nuestras maletas al hotel y caminamos por la ciudad. Eran alrededor de las 8:30 p.m., pero ella insistió en que fuéramos a la gruta porque la misa se celebraba a las doce de la noche en español. Le dije que estaba loca, pues me sentía cansada y quería irme a dormir. Ella insistió en que Dios me daría fuerzas para ir y ver la gruta.

Llegamos justo a tiempo para la misa en la gruta. Empezó a llover con fuerza. Mientras estaba de pie frente a la gruta, mirando hacia el cielo en medio de la lluvia, tuve una sensación que nunca antes había sentido en mi vida. Comencé a llorar y pedí perdón a Dios, a Cristo y a su madre. Desde ese momento, mi vida ha cambiado por completo. Ser católica es como una sensación de ardor que no se puede explicar, donde sientes a Dios dentro de ti.

—*Isolda Iznaga*

Mi recuerdo favorito como católico fue confesarme por primera vez en cuarenta y ocho años, y sentir (y ver realmente) a Jesús darme la bienvenida a casa. Esto cambió mi vida para siempre, y ha hecho que mi camino al cielo parezca muy claro. Debo agregar que creo que el hecho de leer el libro *Redescubriendo el catolicismo* es la razón por la que me encontré en ese confesionario después de tantos años y pecados. Les agradezco ahora y les agradeceré en el cielo.

—*Kevin Quinn*

Mi recuerdo favorito mientras crecí siendo católica desde mi infancia es la conexión increíblemente estrecha que tuvimos con nuestros párrocos. Fueron como una familia y asistieron a todos nuestros eventos festivos.

—*Michelle Merlini*

Cada día es un recuerdo nuevo y favorito cuando realmente estás cumpliendo la voluntad de Dios.

—*Gwen Valentine*

Mi recuerdo favorito como católica es estar en Tierra Santa y caminar y ver los lugares en los que caminó y vivió Jesús. Entrar a la tumba y al cenáculo me cambió la vida. Sigo llorando solo de pensar en ese viaje. Desearía que cada católico pudiera hacer ese viaje y realmente sentir la santidad y la humanidad de nuestro Señor y de Su madre.

—*Mary Starz*

Mi recuerdo favorito como católica es la historia de mi relación con monseñor Daniel B. Logan. Era el presidente de mi escuela secundaria. Como estudiante y adolescente que lo sabía todo, lo juzgué con mucha dureza por la forma en que dirigía la escuela. En mi último año de estudios, yo hacía parte del periódico y escribí un artículo mordaz sobre él. Después de la secundaria, no lo encontré de nuevo hasta cinco años después, cuando me casé y me mudé a su parroquia.

Tenía miedo de ir a misa. Le dije a mi esposo que me era imposible ir a la iglesia de su parroquia. Lo intenté y me sorprendió que monseñor me recibiera con los brazos abiertos. Estaba encantada de que hiciéramos parte de su parroquia, y participé en muchos ministerios: en el Ministerio de la Eucaristía, como patrocinadora de RICA, como miembro del consejo parroquial. Un día le pregunté a monseñor si recordaba el artículo que yo había escrito en la escuela secundaria. Su respuesta fue que no recordaba y que no quería hacerlo. El único recuerdo que tenía de mí en la escuela secundaria es que yo era una ayudante litúrgica que iba casi todas las mañanas antes de la escuela y se preparaba para la misa en la capilla de la escuela.

Me sorprendió que este hombre eligiera perdonar, eligiera no recordar lo malo, y eligiera solo recordar lo bueno. Realmente vivió el ejemplo de Jesús. Él me había perdonado mucho antes de que yo tratara de pedírselo. Hasta el día de hoy somos buenos amigos, y él me ha demostrado que hay guerreros para Cristo entre nosotros.

—*Delia Kavanaugh*

Asistí al Encuentro Mundial de Familias en Filadelfia con el Papa Francisco en 2015. Afuera de la Catedral Basílica de los Santos Pedro y Pablo había una estación de oración. Allí, cada persona debía tomar un pedazo de tela y escribir su pedido de oración. Luego lo ataba a la cerca y quitaba la tela de otra persona para rezar por ella, antes de colgarla en un lugar diferente. ¡Fue increíble ver tantos pedazos de tela, tantas peticiones de oración colgando fuera de la basílica! Todavía recuerdo el momento en que leí la solicitud por la que recé: «Señor, ayúdame a ver la luz en la oscuridad de las deudas». Era simple, pero muy poderoso; yo estaba rezando en medio del llanto por una persona que nunca había conocido.

Cuando el Papa Francisco dio un paseo para saludar a la multitud, hizo una parada especial para caminar por el lugar donde estaban las peticiones de oración y ofrecer sus intenciones como el Santo Padre para todas las peticiones de oración. Probablemente había casi un millón. ¡Fue muy poderoso!

—*Alton Lee*

Mi recuerdo más preciado de ser católica es cómo, después de haber estado alejada de la Iglesia durante varios años, un sacerdote que escuchó mi confesión me dio una cálida bienvenida. No me regañó ni me dio un sermón. Sus palabras significaron más de lo que él sabrá nunca. Sabía que era el mismo Jesús dándome la bienvenida.

—*Kathy Sechler*

My favorite memory of being Catholic is in my youth going to Mass with my grandparents and parents—feeling the excitement of possibly being chosen to bring up the gifts or just knowing that after a Saturday evening Mass we would all have dinner together. I loved the way it was unspoken that you knew your family would be together.

—*Cyndi Shah*

Mi recuerdo favorito de ser católica es ir a misa con mis abuelos y mis padres en mi juventud, y sentir la emoción de ser elegida para llevar los regalos o simplemente saber que todos cenaríamos juntos después de una misa el sábado por la noche. Me encantó que no se dijera que sabías que tu familia estaría junta.

—*Nombre retenido*

Un día después de la misa, me enojé al hablar con los amigos de mi iglesia sobre el diagnóstico reciente de cáncer en la etapa cuatro de mi esposo Dave. Todavía me resulta difícil hablar de esto sin llorar, pero fue especialmente difícil al principio, cuando el impacto fue tan fuerte y tan nuevo. Yo estaba sola en el auto porque Dave había decidido darle un descanso a su cuerpo y se quedó en casa ese día.

Mientras conducía a mi hogar, me enojé más y más, y pronto estaba sollozando. Lloré tanto que realmente no debería haber conducido; apenas podía ver hacia dónde iba. De repente, mis pensamientos pasaron de la desesperación y la oscuridad a Jesús. Dije en voz alta: «Jesús, confío en ti». Lo dije nuevamente. Entonces vi que ya no estaba sollozando. Repetí la fase «Jesús, confío en ti» una y otra vez. Cuando recorrí dos millas por la carretera, estaba tranquila y bajo control. ¡Gracias, Señor! ¡Fue verdaderamente asombroso!

«Jesús, confío en ti» se ha convertido en mi mantra de los últimos días. He aprendido a repetir esa frase, a tenerla siempre en mi corazón.

—*Linda Darby*

Cuando pasé por Cristo renueva su parroquia (Bienvenidos) en 2009, había dejado de practicar el catolicismo durante varios años. Me sentí reconfortado, aceptado sin ser juzgado, y amado por los miembros de mi grupo CRSP. Me pareció como volver a casa, y aún me parece así.

—*Rick Bartel*

Mi recuerdo favorito es cuando yo tenía unos cuatro años, mis padres me llevaron a la iglesia donde crecí, y mi papá me mostró cómo hacer una genuflexión frente al tabernáculo. Mi madre se inclinó y me susurró al oído: «Shaun, esa es la casa de Dios... Jesús está allá adentro». Me invadió un gran sentido de asombro y maravilla, ¡nunca lo olvidaré!

—*Padre Shaun Foggo*

Mi recuerdo favorito como católico es reciente. Recorrí el Camino en una peregrinación dirigida por Dynamic Catholic. Fue el viaje más espiritual de mi vida. No acostumbro ser una persona muy social. Esperaba que el Camino fuera un viaje para estar a solas con Dios. Aunque lo conseguí de una manera increíblemente especial, obtuve mucho más. Además de la experiencia real de caminar con lo que parecía ser un Jesús material, lo encontré en las personas con las que caminaba. Para mí, toda la experiencia fue tan cercana como puedo imaginar el cielo en la tierra. Celebrar la misa, buscar a Cristo, estar con otros peregrinos, hablar de nuestra fe, vivir nuestra fe y compartir nuestro dolor de una manera muy real fue algo hermoso.

—*Doug Monckton*

Mi hija menor, Allison, que ahora tiene dieciocho años y asistirá a la universidad en otoño, es y ha sido siempre la persona más espiritual que he conocido, incluso desde que estaba en mi vientre.

Siempre estaba muy tranquila, una pequeña patada aquí y allá o un pequeño golpe de vez en cuando solo para hacernos saber que estaba bien. Los domingos era más de lo mismo, hasta que yo iba a nuestra iglesia para la misa dominical. ¡Esta niña inmediatamente comenzaba a dar vueltas hacia atrás! Mi barriga se movía visiblemente; era algo constante y deliberado. Nos dio una gran alegría a mi esposo y a mí. A ella le encantaba estar en la iglesia y continúa encantándole y asistiendo hasta el día de hoy.

A fines de febrero de 2007, a mi hermana Sherry, le diagnosticaron cáncer de pulmón en la etapa cuatro a sus cuarenta y nueve años y le dieron tres meses de vida. El 1 de junio de 2007, fui en auto a la Escuela Parroquial de St. Agnes para recogerla luego de su tratamiento de la etapa en segundo grado; tuvimos que volar desde California a Michigan. Pasaron tres meses, y tal como predijeron los médicos, mi hermana falleció. Allison notó que yo había estado llorando y quería saber por qué me sentía tan triste. Cuando llegamos a casa, hice lo mejor que pude para explicarle a mi hija, que cursaba segundo grado, que yo estaba triste por la pérdida de mi hermana, así como por su esposo y sus hijos. Le dije que realmente extrañaría el hecho de no poder ver a mi hermana, y por eso estaba tan molesta. Esta niña de ocho años tomó a su madre de la mano, la miró directamente a los ojos y dijo: «¡No estés triste, mamá! Hoy es el día de SUERTE de la tía Sherry, ¡y ahora podrá vivir con Jesús!». Ella estaba muy emocionada porque en su mente no había ninguna razón para estar triste; ¡era algo para celebrar! ¡La tía Sherry ahora estaba viviendo con Jesús, y no hay nada mejor que eso! Mi hija, muy joven y muy sabia, fue la que me brindó consuelo durante esa época, ya que me recordó la promesa de Jesús.

Cuando una querida amiga mío falleció a los cuarenta y nueve años, dejando a su esposo y a sus hijos pequeños, su madre quedó devastada. Compartí las sabias palabras de Allison con ella. Semanas después, Allison y yo recibimos la más sincera nota de agradecimiento. Esta madre ahora celebra el día de SUERTE de su hija cada año.

—*Connie Munden*

El evento que realmente me llevó a nuestra fe y me animó fue un Cursillo hace unos veinte años. Fue un momento decisivo en mi vida. He estado involucrado en un grupo semanal desde entonces, y realmente refuerza mi fe.

—*Jim Cannon*

Yo era católico de nacimiento, pero no había practicado mi religión durante casi veinte años. Luego, después de diez años de matrimonio, y definitivamente no porque yo le insistiera, mi esposa decidió convertirse al catolicismo. Comenzó a llevar a casa preguntas y comentarios de sus reuniones de RICA, lo que me condujo de nuevo a la fe. ¡Era el Espíritu Santo en acción! Eso fue hace treinta años.

—*Robert Hapner*

Yo tenía seis años y nuestra familia acababa de convertirse al catolicismo. Después de estudiar el kínder en una escuela pública, me trasladé a St. Mary's para el primer grado. Estaba jugando con mis autos modelo un domingo por la mañana bajo el olmo en la calle cuando mi madre salió al porche y dijo: «Dickie, es hora de entrar y prepararte para la misa». «No iré hoy, mamá», dije. «¿No? ¿Cómo así?». Repetí algo que había aprendido de la hermana en la clase de la semana anterior. «No tengo que ir a misa porque todavía no tengo la "edad de la razón"». Mi madre respondió con sabiduría: «¡Lo acabas de hacer!». Fui, me preparé y actualmente llevo setenta y cinco años yendo a misa. A veces simplemente sabes demasiado.

—*Richard "Dickie" Shaw*

Mi recuerdo favorito fue ver a mi papá en presencia de la Eucaristía. Su actitud humilde y simple durante la misa me mostró que era un siervo agradecido. Durante la Comunión, siempre fue llevado a un lugar de alegría llorosa. Para él, era tristeza (crucifixión), ¡pero fue alegría (resurrección)! Guau. Yo estaba impresionada.

Cuando yo era una niña, mi padre pasaba un tiempo tranquilo meditando con nuestro Señor sin que yo lo supiera. Yo lo interrumpía a menudo por una razón u otra. Pero él sacaba cariñosamente el tiempo para hablar. Y esa charla a menudo lo llevaba a hablar de Dios. Él siempre decía: «Habla con Dios como con tu padre. Él siempre escuchará. Pasa tiempo todos los días con Él». Y ahora que soy adulta, veo por qué mi papá siempre estaba en paz.

—*Francine Gabreluk*

Me encantaba estar en un grupo de jóvenes como estudiante de secundaria y asistir a retiros. En un momento en que mi vida se sentía tan falsa e insegura, el grupo de jóvenes me mantuvo con los pies en la tierra y me impidió rendirme a mis deseos egoístas. Fue allí donde me sentí conocida y donde me conocí.

Después de la secundaria, me tomó un tiempo encontrar mi lugar como parte de la Iglesia fuera del grupo juvenil, pues no podía reproducir el vínculo y el sentido de pertenencia que sentía allí. Afortunadamente después de buscar y encontrar sitios web católicos, blogs, pódcasts y específicamente a Dynamic Catholic, he entrado a nuevos «grupos» que me han desafiado a crecer en mi fe.
—*Kelly Kozlowski*

Hace treinta y tres años, cuando había recién salido del tratamiento para el alcoholismo, fui a un retiro jesuita ignaciano. Por primera vez en más de diez años, me confesé. Sentí una liberación que es difícil de describir. Lloré y sonreí al mismo tiempo.
—*Mark Rudloff*

Mi mejor recuerdo de ser católico es cuando mi padre les pidió a sus cuatro hijos que asistieran a un retiro jesuita silencioso durante el fin de semana para celebrar su sexagésimo cumpleaños. Mi padre falleció recientemente a los ochenta y nueve años. Tengo la fortuna de haber asistido al retiro con él anualmente durante la mayoría de esos años. Compartir su fe y la forma en que la vivió fueron las mejores bendiciones que un padre pudo haberle transmitido a su hijo, ¡y siempre estoy agradecido por ese regalo!
—*Dave Johnston*

Cuando nació nuestro primer nieto, mi madre sufría de cáncer de pulmón. Queríamos que estuviera presente para su bautismo, pero unos días antes de que se llevara a cabo, ella empeoró y falleció en casa. A la mañana siguiente, después de la misa, nos reunimos con el sacerdote y le preguntamos si sería posible celebrar la misa conmemorativa de mi madre y el bautismo de nuestro nieto el mismo día. Dijo que sí, y unos días más tarde celebramos el círculo completo de la vida: primero el bautismo de nuestro nieto y luego la misa conmemorativa de mi madre. Para mí, esta era la expresión perfecta de nuestra fe católica, y el amor y la comprensión de un párroco. Le dimos la bienvenida a nuestro nieto a la familia católica, y lo seguimos con una celebración de la transición de mi madre a la vida eterna. Fue un día emotivo, pero en un sentido agradable. Todos los que asistieron dijeron que había sido realmente especial.

—*Jim Kipers*

Mi recuerdo favorito como católica fue asistir al Triduo en el Centro de Renovación Franciscano en Scottsdale, Arizona, con mi hija Jill, que estaba luchando contra una enfermedad rara. La ejecución de la pasión, muerte y resurrección de Jesús fue presentada por la comunidad, y esta experiencia afirmó nuestra fe. Nos permitió avanzar con esperanza cuando nuestra hija falleció un año después.

—*Janet Creedon*

Mis primeros años de adolescencia estuvieron llenos de preguntas y de dudas sobre mi fe católica. Pero estuve especialmente cerca de mi abuela, una católica fuerte que me mimaba y hacía las mejores tostadas francesas del mundo, y me angustié cuando ella comenzó a perder la vista y a mostrar signos de demencia. Un domingo en la misa, vi una lágrima que corría por su mejilla durante el himno «¿Estabas allí?». A pesar de que ya no podía ver y su cuerpo estaba

fallando, su dolor por la pasión de Jesús era tan fuerte como siempre. En ese momento, recé para tener su fe durante toda mi vida, para que nunca fuera inmune al sufrimiento y al dolor de Cristo, o al sufrimiento y el dolor de quienes me rodean. Ella se ha ido ahora, pero mi fe y amor por Jesús son fuertes en gran parte gracias a ella.
—*Sara Gudorf*

Nuestra familia asistió a un Día de la Misericordia en nuestra iglesia, y todos fuimos individualmente a la confesión. Luego, nuestra familia se reunió en el área común, y mi hija se volvió hacia mí con entusiasmo en su voz y me dijo: «Mamá, siento que acabo de hablar con Jesús». ¿No es genial eso?
—*Kelly Flaherty*

Mi recuerdo favorito fue el consuelo que sentí como madre soltera cuando asistía a una iglesia local con frecuencia y le rezaba a María para que me ayudara en ese momento debido a mi incomodidad y vergüenza.
—*Nombre retenido*

Consagrarme al Inmaculado Corazón de María fue un cambio de juego.
—*Sue Grabowski*

Mi recuerdo favorito de ser católica es cuando fui por primera vez a «Avivada por la Verdad», en Raleigh. Carolina del Norte no es predominantemente católica, aunque los creyentes han aumentado. He asistido a muchas conferencias femeninas con Beth Moore, pero en APV escuché a eruditos bíblicos y a oradores católicos que compartían mi fe por primera vez. ¡No me di cuenta de que había personas que celebraban el hecho de ser católicas, y que escribían sobre eso! Regresé a casa con varios libros que me han ayudado a crecer en mi fe. La oportunidad de celebrar la confesión y la misa, y escuchar a todos los oradores en una tarde, fue algo muy positivo para mi fe.

—*Mary Beth Lassiter*

Uno de mis recuerdos favoritos de ser católica es el sentimiento de «hogar». Crecí en una familia con muchos hijos y mis padres no tenían mucho dinero extra, por lo que, como parte de nuestro diezmo, siempre dedicábamos nuestro tiempo y talentos a la parroquia. Específicamente, recuerdo un período de dos años cuando mis padres se ofrecieron como voluntarios para ser porteros de la iglesia. Íbamos allí todas las semanas y lo limpiábamos todo. La parte más especial para mí fue que, aunque había partes de la iglesia que eran sagradas (y las tratábamos con reverencia), no había nada que estuviera «fuera de límites» o que tuviéramos que mantenernos alejados. Eso me inculcó el sentido de pertenencia, de saber que esta es «mi iglesia» y que soy parte de ella. Desde el hecho de participar en la misa hasta mantener el edificio limpio y en funcionamiento, fui una parte importante de la comunidad católica sin importar la edad que tuviera, y siempre supe, donde quiera que fuera, que la Iglesia estaría ahí para mí y que yo tenía un lugar al cual pertenecer.

—*Kimberly Harper*

Hace años, muchos me veían como una estudiante universitaria popular. Sin embargo, en lugar de ser feliz, me sentía terrible y deprimida. La muerte me parecía atractiva. No importa cuántas cosas lograra, nada parecía llenar mi vacío o borrar el odio a mí misma. Mis amigas, las hermanas de la hermandad, mis familiares, e incluso el psicólogo de la escuela hicieron todo lo posible para ayudarme, pero fue en vano.

Finalmente, decidí que solo Dios podía ayudarme. Yo anhelaba una fe fuerte y sanadora. Había visitado iglesias de varias denominaciones con amigas y parientes. Rezando por una respuesta, recordé de repente a mi tía con quien había asistido a misa varios años atrás. Ella fue la primera católica en unirse a nuestra familia extendida y me maravillé de su fe. Nació con una cadera lisiada, pero nunca se quejó. Después de casarse con mi tío, sufrió numerosos abortos espontáneos antes de que naciera mi prima. Aun así, su fe nunca vaciló. Al recordarla, me acordé cómo esperaba visitarla y asistir a misa con ella. Cuando nos arrodillábamos en oración en la iglesia católica de San Francisco de Sales del lago de Ginebra, me rodeaba una paz desconocida.

Comencé a observar a mis amigos católicos, incluyendo a mi compañera de cuarto, y me di cuenta de lo mucho que los admiraba. Tenían algo que yo no tenía. Su fe había hecho que fueran mejores personas. Me di cuenta de lo cariñosos que eran. Aprecié especialmente su apoyo decidido mientras yo tenía dificultades.

Cuando comencé a salir con Bob, mi futuro esposo, tuvimos largas discusiones sobre la religión y la fe. Una tarde soleada de otoño, mientras estábamos solas en la sala de mi hermandad de mujeres, Bob dijo: «Espero que no te importe. Anoche, seguí pensando en ti, así que escribí este pequeño poema». Y luego añadió con una cálida sonrisa, «Recuerda, que estoy estudiando ingeniería, y no inglés como tú».

Miré el papel y leí el estribillo: «Carol es como una hoja flotando en un arroyo».

Me quedé inmóvil y aturdida.

«¿No estás loca o algo parecido?».

«Oh Bob, entiende. He estado tratando de complacer a todo el mundo, a mis padres, a mis maestros y amigos. Me siento abrumada, culpable y frustrada. Es demasiado. No sé qué camino tomar».

«Entiendo», dijo Bob mientras pasaba sus brazos alrededor de mí.

Durante las siguientes semanas, recé y pensé en nuestra charla. Cuando escuché la voz interior, oí lo siguiente: «La Iglesia católica te ayudará a encontrar lo que es importante, y lo que Dios quiere». Por primera vez, me sentí abrazada por unos límites seguros y por el perdón. La Iglesia católica era una teología de la que yo podía depender para perdonar mi culpa. Hacerme daño era un pecado; yo podía cerrar la puerta a esos pensamientos. Comencé a sentirme más viva, casi como si una vez me hubiera entumecido por la congelación y estuviera hormigueando ahora con el calor de una nueva fe. Podía sentir una presencia, un amor que me tocaba, no por lo que hacía, sino por quién era. Comencé a tomar clases y, un año después, frente a mi familia y amigos, me uní a la Iglesia católica. Por primera vez, me sentí segura y confiada en mi nueva fe.

Han pasado más de cincuenta años desde que me convertí al catolicismo. Gracia a las consejerías, a la oración, al estudio y a una familia que me apoya, he encontrado una vida milagrosa. No siempre ha sido fácil ser católica, ni ha sido fácil ser yo misma. Cometí errores y tuve mis dudas, pero la Iglesia católica siempre ha estado ahí para darme la bienvenida a casa.

Ahora, mientras celebro la misa con Bob, mi esposo paciente con quien llevo cincuenta y cinco años casada, rezo por nuestras tres hermosas hijas, por sus maridos y por nuestros siete nietos. Durante los meses de verano, Bob y yo ayudamos en nuestra rústica iglesia católica de montaña. Limpiamos, publicamos servicios, leemos, distribuimos la Comunión y todo lo que se necesita en Nuestra Señora de los Lagos para que otros puedan experimentar la fe, la esperanza y el sentido de la dirección que encontré como católica.

—*Carol Strazer* (Publicado por primera vez en 2008, en *Sopa de pollo para el alma:* Viviendo la fe católica. Utilizado con permiso.)

Recibí mi primera comunión el 2 de mayo de 1959 en la iglesia de San Buenaventura en Chicago, Illinois. Yo era una estudiante de segundo grado de siete años, y una de los sesenta niños que recibieron la primera comunión ese día, pero dos de nosotras seguimos siendo amigos de por vida. Hasta este día, Ann y yo nos llamamos cada 2 de mayo para recordar y celebrar este hermoso regalo que hemos recibido.

—*Sharon Klein*

Mi padre ha vivido el Evangelio como un hombre devoto y buen católico para los demás durante toda su vida. Mi recuerdo favorito de estar con él fue durante mi infancia. Él era y es dócil como una paloma, un hombre que se acuesta y se levanta temprano, al igual que yo. Cuando tenía seis años, recuerdo que caminé de la mano con él por el parque frente a nuestra casa. Me sentí muy amada, protegida y llena de alegría de estar yendo con mi padre a la misa del sábado por la mañana. Soy una de las personas afortunadas en la tierra cuyo padre terrenal se esforzaba todos los días para ser como su Padre celestial.

—*Melissa McGlinn*

Mi recuerdo favorito es la epifanía que tuve hace tres años de que debo entregar mi vida a Dios. Las puertas comenzaron a abrirse, y los milagros siguen llegando. Y cuando hay miedo o sufrimiento, no es debilitante ni paralizante. ¡Mi depresión crónica prácticamente desapareció y mi vida es mucho más llevadera!

—*Victoria Le Forestier*

Mi recuerdo favorito es poder ver a mi hija con síndrome de Down recibir su primera comunión y confirmación a los treinta y un años, después de haber pensado que no podría hacerlo debido a su discapacidad. Muchas personas bondadosas se involucraron para hacer que esto fuera posible. Ver a mi hija recibir el Cuerpo y la Sangre vivos de Cristo me produce mucha alegría al saber que ella entra en comunión con Jesús.

—*Nombre retenido*

Vivo en el área metropolitana de Nueva York, y mi recuerdo favorito de ser católica es el de ir a misa la tarde inmediatamente posterior a la tragedia del 11 de septiembre. Me sentí abrumada al comprender que las Escrituras, escritas miles de años antes de esta tragedia, hablaron maravillosamente del consuelo y de la paz a los corazones desgarrados reunidos en esa misa.

—*Kara Werner*

En 1987, fui transferida de mi trabajo desde Salt Lake City, Utah, a Houston, Texas. Mi esposo tuvo que quedarse en Salt Lake City para terminar su trabajo, por lo que nuestra hija Santina y yo nos fuimos sin él. Un par de días después de instalarnos en nuestro lugar de residencia temporal, la primera tarea fue localizar la iglesia católica más cercana. Y entonces encontramos la parroquia católica de los Santos Simón y Judas.

Nunca olvidaré lo que sentimos al entrar a la iglesia. Había sentido mucha ansiedad y emoción por nuestra mudanza, por haber matriculado a Santina en una nueva escuela, por comenzar mi nuevo cargo en el trabajo y, obviamente, ¡por el choque cultural! Pero cuando entramos a la hermosa parroquia católica, me sentí completamente en casa, y toda mi ansiedad se desvaneció de inmediato. ¡Me sentí en paz! Oh, qué maravilloso regalo fue. Yo sabía que Dios estaba con Santina y conmigo y que nos cuidaría, especialmente porque mi esposo se uniría a nosotros aproximadamente tres meses después. Cuando nos sentamos en el banco en medio la tranquilidad, recuerdo haber pensado: «¡La Iglesia católica es extraordinaria, fenomenal, absolutamente increíble! No importa qué iglesia católica visites en cualquier parte del mundo, *todo* es igual: el altar, los bancos, la misa, los rituales, los sacerdotes, los diáconos, los servidores del altar, el calor de la gente. El amor de Jesús brilla y es claramente evidente. ¡Guau!» Sí, *somos* un credo santo, católico y apostólico; la única Iglesia verdadera, a la cual estoy orgullosa y bendecida de pertenecer.
—*Toni Hyler*

Mi recuerdo favorito como católica es cuando estaba preparándome para la confirmación en séptimo grado. Nos reuníamos en el salón de la iglesia una vez por semana para escuchar la lección de la maestra, que resultó ser mi madre (¡qué vergüenza!). Nuestro párroco estaba allí ese día y hablamos sobre la elección que estábamos haciendo para ser miembros de la Iglesia católica con pleno derecho.

Como era el comienzo de la Cuaresma, mi madre le preguntó al padre: «¿A qué renuncias para la Cuaresma este año?».

El padre dijo alegremente (frente a todos nosotros, que creíamos ser unos adolescentes tan geniales), «Al sexo».

Mi madre y los demás adultos presentes se rieron, y a todos los chicos y chicas se nos pusieron los ojos tan grandes como platos. Nunca olvidaré ese día porque me enseñó que:

1. Mi mamá conoce la palabra *sexo*: mátame ahora.
2. El sacerdote tiene sentido del humor: ¿quién lo sabía?
3. Realmente disfruté estar en la iglesia y hablar con estos católicos experimentados.

¡Fue muy refrescante y divertido! Qué maravilloso es experimentar como joven un sentido de la comunidad más allá de mi familia inmediata.

—*Tanya Elliott*

No soy católica, pero mi hija de veintiséis años se convirtió al catolicismo durante su segundo año de preparatoria. Tiene una fe sólida y durante la escuela secundaria participó en pequeños grupos y otras actividades en su parroquia. Como anglicana, me siento cómoda asistiendo a misa tan fácilmente como cuando voy a mi iglesia. Hace unos cuatro años, mi hija me mostró a Dynamic Catholic. Nos estábamos preparando para la Cuaresma, y ella me habló sobre la lectura diaria durante la Cuaresma. Por supuesto, me encanta el lema «La mejor cuaresma de la historia». Y ahí fue donde comenzó todo.

La lectura diaria es mi devoción matutina. Tengo una tarjeta de oración en mi auto, y es un buen momento para hablar y escuchar a Dios. Comparto estas tarjetas con otros. Y, debido a que la belleza y la simplicidad de Dynamic Catholic me han conmovido a mí y a mi vida, siento que la pequeña cantidad que doy podría favorecer la causa. Ah, y todos los materiales que me envían los llevo a la escuela secundaria católica de mi hija, donde destinan los libros y los materiales a la biblioteca de préstamos de la escuela.

—*Charlotte Ellington*

Tengo muchos recuerdos en mis cortos veintisiete años de ser católica, a pesar de la primera vez que recibí la Comunión, pero recientemente, nuestros amigos se unieron a nosotros en el viaje de Dynamic Catholic a Italia en 2016. Mi recuerdo católico favorito es el de haber renovado nuestros votos matrimoniales en la última misa en Asís. Haber experimentado a Italia desde una perspectiva católica y luego terminar con una nota de renovación tan conmovedora fue un recuerdo que apreciaré durante muchos años.

—*Olivia McCormick*

Mi momento más memorable como católica fue cuando comencé a ver que ciertas piezas del rompecabezas encajaban con otras de mi vida. Un día, mientras reflexionaba sobre mi existencia, principalmente sobre mi matrimonio, vi que la mano de Dios estaba involucrada en todos los aspectos de mi felicidad. Vi cómo lo que yo solía llamar suerte podía haber cambiado muchas variables y el resultado de mi vida actual. Recuerdo que pensé que esto no era suerte, que tenía que haber sido el Espíritu Santo el que me guiaba y reafirmaba mis elecciones desde el principio de mi vida.

Me encanta que la misa siempre se enfoque en Dios. Otros pueden decir que la misa es aburrida, pero creo que el problema es que se enfocan en sí mismos y no en Dios. Sé que algunas homilías son mejores que otras, pero, sin embargo, Dios siempre está presente, independientemente de la homilía. Una vez comprendí que estaba en Su presencia y que podía entablar una relación con Él, vi la misa bajo una luz diferente. Comencé a crecer en mi fe católica, sabiendo que es simple pero compleja. Es simple, ya que solo tienes que ir a misa una vez por semana y tratar de convertirte en la mejor versión de ti a tu propio ritmo y Dios tendrá misericordia de ti. Sin embargo, también es compleja, porque nunca puedes satisfacer esa relación con Dios. Nunca terminas de aprender o hacer cosas para convertirte en la mejor versión de ti. Ser católicos nos empuja a seguir siendo la mejor versión de nosotros una y otra vez.
—*Patricia Baeza*

Vivimos en una granja a unas dos o tres millas de la iglesia católica más cercana hasta mis nueve años. Todos los domingos, mi abuelo italiano y yo íbamos a misa. Fue durante este tiempo de formación cuando desarrollé mi amor por el catolicismo. Caminábamos tomados de la mano, y con su inglés imperfecto me hablaba del lugar adonde íbamos y de la importancia de la misa. Este recuerdo básico ha permanecido conmigo durante más de sesenta y cinco años, y he continuado esta tradición con mis propios hijos y nietos.
—*Beverly Muresan*

En 1993, mi marido quería saber qué quería yo para mi vigésimo aniversario de bodas. Me estaba preguntando con casi un año de anticipación, pensando que iba a ser un regalo *muy costoso* que le haría ahorrar durante un mínimo de un año. Pensé por un momento y dije: «Steve, realmente me gustaría que fueras católico». Él respondió: «No, me refiero a un *regalo*. ¿Qué quieres?». «Eso es lo que quiero», contesté. «Has estado yendo a misa todos los domingos desde que empezamos a salir. Vas a la adoración eucarística. Apoyas a nuestros niños en la escuela católica. Apoyas a los grupos de jóvenes católicos. Eres más católico que la mayoría de las personas que conozco». Mi esposo permaneció callado. No esperé nada, pero recé.

Varias semanas después, mi esposo llegó a casa y me dijo que él y un amigo en común se habían unido a una liga de bolos. Por una vez, el Espíritu Santo me cerró la boca y no dije una sola palabra. (Soy abogada y tiendo a hablar *mucho*, y a decir exactamente lo que pienso). Sabía que ese amigo necesitaba el tiempo de mi marido, pero yo también. Nuestro amigo había intentado suicidarse ese mismo año y mi esposo le había salvado la vida, así que no dije ni una palabra. Así pues, una vez a la semana me quedaba en casa con los niños después de trabajar todo el día y supervisaba sus tareas escolares, su higiene, le lavaba el pelo a mi hija menor y hacía todas las otras tareas habituales por mi cuenta.

Mi esposo no estaba muy dispuesto a hablar de los bolos. La respuesta que yo recibía cuando le preguntaba: «¿Cómo estuvo el boliche esta noche?», era «Bien». «Estuvo interesante». «Me divertí mucho esta noche». Sus respuestas siempre eran vagas. Nunca me habló de su puntaje en los bolos o de quién le estaba ganando a quién. Dejé de preguntarle poco tiempo después. Solo Dios sabía lo que él y nuestro amigo estaban haciendo realmente.

Casi nueve meses después, el Sábado Santo, mi primo, que era monseñor y rector del seminario local a unas veinte millas de distancia, me llamó y me preguntó si me gustaría llevar a los niños a la Iglesia de San Bernardo en Fort Lauderdale, a casi una hora de distancia. Pensé, «¿Estás bromeando? ¿Bañar a cuatro niños, vestirlos para la Misa de la Vigilia Pascual y llegar a Fort Lauderdale en un par de horas?». Él añadió: «Saben cuánto significa San Bernardo para mí, ¿verdad?». «Oh, sí, lo sé. Era el nombre de tu padre y de tu primera parroquia». Yo no podía creerlo, y dije: «Claro, nos encantaría ir». Lo siguiente que supe fue estar planchando vestidos, peinando y preparando a los niños para la misa, a la que no habíamos tenido ninguna intención de asistir hasta la mañana del domingo de Pascua.

Cuando llegué, mi primo estaba esperando en la puerta. Me dijo: «Peg, tengo un pequeño problema esta noche, y sé que puedes arreglarlo por mí. ¿Me ayudarás?». (¿Les he dicho que *amo* a este sacerdote y primo mío?). «Claro. ¿Qué necesitas?». Pensé con certeza que iba a decirme que necesitaba una lectora, pero no fue así. Me dijo: «Peg, uno de los candidatos de esta noche no tiene patrocinador, y necesito que participes y seas su patrocinador». «¿En serio? Se supone que debo conocer a esa persona, rezar por ella y ayudarle en el RICA. ¿Cómo voy a poder apoyar a alguien que no conozco?», respondí. El buen monseñor dijo: «No te preocupes por eso. Lo harás bien». Entonces dije: «¿Crees que al menos podría conocer a esa persona ANTES de que comience la misa?». Monseñor replicó: «Claro que sí. De hecho, lo conoces bastante bien. Está justo al lado tuyo». Miré a mi izquierda y no vi a nadie. Miré a mi derecha y allí estaba mi marido, lleno de orgullo. «¿Te convertirás al catolicismo esta noche?», le pregunté. «Sí», respondió mi esposo. Me puse a llorar. No tenía idea de que él y nuestro amigo habían estado asistiendo semanalmente al RICA en el seminario. ¡No había nada de bolos!

Es singularmente el mejor recuerdo católico que tengo hasta el día de hoy. El sábado santo fue el 2 de abril. Mi cumpleaños fue la semana siguiente. ¡No está tan mal para un regalo del vigésimo aniversario! ¡Es el mejor recuerdo de todos! ¡EL MEJOR REGALO DE TODOS!

—*Peggy Rowe-Linn*

Puede sonar extraño, pero los recuerdos que más vibran en mi conciencia son las Misas funerarias católicas. Siento lástima de las familias cuando voy a los servicios seculares del «fin de la vida». Bordean la realidad de lo sucedido. Un ser querido ha terminado su vida y será juzgado por Cristo. La misa funeraria católica es muy poderosa para mí. Todo el ritual es una oración impresionante para el alma de la persona fallecida. Los dos funerales de mis padres fueron muy poderosos. Podía sentir la presencia de Dios, y aunque fue difícil en términos emocionales, también estaba lleno de alegría, esperanza y sanidad. ¡Nadie empuja a sus miembros hacia el cielo al final de su vida como la Iglesia católica!

—*Mark Taylor*

Uno de mis momentos favoritos de ser católico fue que mi parroquia distribuyera uno de los CD de Matthew Kelly sobre los siete pilares; esto cambió toda mi perspectiva sobre lo que significaba ser católico y me dio una nueva energía y determinación para descubrir más acerca de mi fe.

—*Matt Scaring*

Compartiré un recuerdo reciente. Durante la Cuaresma, nuestra iglesia tuvo servicios de adoración todos los viernes por la mañana. Pasé uno de ellos en presencia de nuestro Señor. Recé con mucha profundidad y fuerza. Salí alrededor de las 10:45 a.m. No soy capaz de describir cómo me sentí el resto del día. Fue prácticamente como si todas las células de mi cuerpo estallaran de alegría. No pude dejar de sonreír. Sentí una energía radiante y hermosa burbujeando desde adentro. Fue algo que duró todo el día. Generalmente soy una persona positiva y feliz... pero se trataba de una energía y un sentimiento difícil de describir. Sentí que estaba siendo muy paciente y más amorosa con los demás. ¡Qué regalo! ¡No puedo esperar hasta la próxima Adoración!

—*Becky Boydston*

Mi recuerdo favorito como católica es ir a misa con mi abuela, que tuvo una devoción increíble por nuestra Madre Santísima. Creo que mi abuela era una santa entre nosotros, y la honro al continuar con su tradición de misa y oración diaria.

—*Carla Mallory*

En nuestro primer año de matrimonio, mi esposa y yo vivíamos en un suburbio de Washington, D.C. Habíamos recibido algunas figuras bonitas de Lenox para nuestro pesebre. El padre de mi esposa hizo un establo para nosotros; no era nada lujoso, solo algunos trozos de madera manchada, pero significó mucho para nosotros porque él no trabajaba la madera ni era una persona «hábil con las manos». Instalamos el pesebre en la sala antes de Navidad y continuamos con nuestras vidas agitadas.

Un sábado, salimos corriendo, luchando contra las multitudes navideñas habituales mientras intentábamos hacer nuestras compras navideñas. Cuando llegamos a casa temprano en la noche, agotados por nuestro día agitado, entramos por la puerta y vimos un solo rayo de luz brillando a través de la ventana, justo en el niño Jesús. Esto nos hizo frenar en seco y recordar en qué consiste realmente la temporada.

—*Joe Miskey*

Mi mejor recuerdo es la misa de medianoche en la víspera de Navidad con mi familia, con mi piyama de Navidad. La fragancia sutil del árbol recién cortado en el altar que albergaba el pesebre, las luces tenues en toda la iglesia con cientos de velas danzando en la oscuridad, los sonidos inquietantemente hermosos del coro están grabados para siempre en mi memoria. Me sentí amada y protegida.

—*Lori Loschiavo*

Mi ordenación al diaconado es mi recuerdo favorito como católico. Después de cinco años difíciles, todo el estudio y el sacrificio valieron la pena; tener presentes a mi esposa, a mi pastor y a mi familia allí no solo fue mi mejor recuerdo como católico, sino el mejor día de mi vida.

—*Gregory Ris*

Cuando era pequeña, mi madre me contó un día que había planeado entrar a un convento. Sin embargo, conoció a mi padre, se enamoró y recibió el sacramento del matrimonio. Yo no podía creerlo. Le pregunté por qué demonios había querido ser «monja».

Su respuesta me sorprendió. Ella dijo: «Las hermanas con las que pasé el tiempo fueron las personas más felices que he conocido. Me encanta ser madre, pero fue un momento muy feliz para mí. Hasta el día de hoy, nunca he conocido a nadie más feliz». Ella habló de lo alegres y amables que eran las monjas y de lo felices que eran al servir a los demás. Yo no podía creer que alguien pudiera renunciar a su vida y ser tan feliz. Años más tarde, aprecio esta historia y quiero compartirla con otros. Es una historia que me recuerda cuán grande es nuestra fe y cómo estamos llamados a servir y ser felices y alegres al hacerlo. Es un recuerdo preciado para mí.

—*Jennifer Chiusano*

Esta es una pregunta difícil de responder, pero realmente creo que fue en una confesión, después de mis peores días, cuando realmente supe que Dios me había perdonado. (Todavía estoy trabajando en hacer lo mismo por mí).

—*Cathy Ludwick*

Mi recuerdo favorito son las palabras de una monja pequeña y anciana que nos enseñó antes de que hiciéramos nuestra primera comunión. Nos contó lo especial que es ese momento cuando recibimos a Jesús y regresamos a nuestro banco para hablar y estar con Él. Ella me hizo saber que Jesús me ama y que realmente está ahí. Este fue un momento crucial para saberlo, ya que mis padres tenían problemas matrimoniales y se separaron un año y medio después. Sus palabras siempre han estado conmigo, especialmente cuando busqué otras denominaciones cristianas, y son realmente la razón por la que sigo siendo católica.

—*JoAnn Scholl*

Mi recuerdo favorito como católica es mi regreso a casa. Fui una católica no practicante por casi dieciséis años después de mi confirmación. Mi esposo y yo solo cruzamos las puertas de la iglesia para casarnos y bautizar a nuestros hijos. Fue necesaria la crisis de estar a un paso de arruinar nuestro matrimonio para volver a nuestro hogar. De alguna manera, y por instinto, yo sabía que la institución que había santificado nuestro matrimonio era el lugar donde podíamos encontrar la sanación. Fue el primer domingo de Adviento cuando me encontré en casa otra vez. ¡Y qué gran regreso fue! Creo que lloré durante la mayor parte de la misa. El ministerio musical sonaba como un coro de ángeles. Dios necesita simplemente una grieta en la puerta para deslizar Su misericordia. Dios nos bendijo con un matrimonio más hermoso del que jamás hubiéramos podido imaginar cuando caminamos por el pasillo. El sufrimiento nos hizo querer a Dios. En su sabiduría, Él sabía que la amargura de nuestro sufrimiento daría lugar a un matrimonio en el que finalmente Dios sería bienvenido para hacer Su gracia en todas partes: alrededor de la mesa familiar, en el dormitorio y, lo más importante, en nuestros corazones.

—*Julie Zasada*

Mi recuerdo favorito como católica fue el año pasado, cuando mi hija de ocho años hizo su primera reconciliación. Ella quería ser la primera en el confesionario, y estaba radiante cuando salió de allí. Literalmente, estaba saltando arriba y abajo con una gran sonrisa, y se sintió tan emocionada que tuvo un nuevo comienzo para hacer lo correcto. Pensé, *Si solo pudiéramos estar todos tan emocionados de confesarnos, ¡y luego* estar lo suficientemente emocionados para saltar con alegría!

—*Sally Blymyer*

Mi recuerdo más divertido fue atascarme en la sala de confesiones después de hacer mi primera reconciliación. No pude abrir la puerta, así que volví y me arrodillé sobre el cojín para pedir ayuda. El sacerdote comenzó de nuevo con toda la introducción, pensando que era un niño nuevo, momento en el que comencé a gritar muy fuerte. Mi mamá, que estaba afuera, escuchó la conmoción y con un poco de ayuda pudo abrir la puerta, que estaba *muy pegajosa*. ¡Nos hemos reído mucho en los últimos años de eso! La mejor misa a la que asistí fue en la Basílica de Santa María Maggiore en Bérgamo, Italia. No entendí el italiano, pero la magnificencia y el ambiente de la iglesia eran increíbles.

—*Bronny Bowman*

Mi recuerdo favorito será confesarme en el año 2000. Le dije al sacerdote que no había ido a misa desde 1964. Yo esperaba que se desmayara, pero después de una breve pausa me preguntó: «¿Y qué más te molesta?». No he sido el mismo desde entonces.

—*Norman Cyr*

Uno de mis recuerdos favoritos como católica sucedió hace unos siete años, cuando estaba rezando en la capilla de la Adoración. No se oía ni un respiro, como ustedes lo saben. Y acababa de compartir con Dios mi deseo para conocer mejor a Su madre. Aproximadamente quince segundos después, un grupo completo de retiros de Cristo renueva su parroquia (Bienvenidos) para hombres entró a la capilla de Adoración y COMENZÓ a cantar el rosario en voz alta. ¡Y rápido! Guau. ¡Y muy impactante! El viaje mariano ha continuado, y Dios ha sido consistente en no ser superado en generosidad. Me ha llamado a un apostolado mariano que, como nos gusta decir a mí y a mi cofundador, es EL MEJOR EVENTO DE TODOS.

—*Deanne Miller*

Mi recuerdo favorito es el día en que mi nieto de seis años me susurró desde el segundo banco con su acento irlandés: «Nana, ¿por qué no puedo ir a recibir la Comunión? ¡Ya sé que es Jesús!». Le dije: «Sheamus, estás a años luz de la mayoría de las personas que reciben la Comunión, ¡pero tendrás que ser paciente!».

—*Kathleen Caruso*

Mi mejor recuerdo de ser católico fue después de una confesión. Mi novia me vio antes y después, ¡y vio semejante cambio en mí que se convirtió al catolicismo!

—*Chris Sprague*

Me convertí a los veintiún años. Fue una decisión difícil, pero lo había estado pensando desde los dieciséis años. Mi familia era bautista del sur y mi abuelo era diácono. Comencé a ir a misa cuando tenía dieciocho años y sentí que había encontrado mi hogar en la vida. Cuando me bauticé, nadie de mi familia estaba presente, pero supe que había tomado la decisión correcta. Mi familia finalmente aceptó mi conversión. Un día, algunos años después, mi madre me dijo que me respetaba por mis convicciones y mi fe. Le agradecí a Dios por el coraje y la tenacidad para seguir mi corazón.

—*Diane Fox*

Hay tantos recuerdos agradables que es muy difícil elegir uno solo. A lo largo de mi vida, Dios ha sido muy amable y cariñoso con mi familia y conmigo. Siempre nos ha enviado sacerdotes buenos, amorosos y fieles, que nos han visitado y que pasan los domingos en nuestra casa. Cenábamos y pasábamos horas hablando, aprendiendo y compartiendo historias. ¡Es verdaderamente una gracia tener sacerdotes cariñosos que son buenos pastores!

—*Kathy Saba*

Siempre me ha gustado la paz que sentí después de la confesión. Me encanta que Dios nos dé segundas oportunidades.

—*David Ebertowski*

Me uní a la Infantería de Marina a los diecisiete años y dejé mi hogar por primera vez cuando cumplí dieciocho. Extrañaba la comodidad de mi familia, mi barrio, mis amigos y la rutina de mi vida. Cuando fui a misa por primera vez en la Infantería de Marina, vi que era la misma en todas partes y que estamos conectados mutuamente en todo el mundo durante la misa, donde el cielo se encuentra con la tierra.

—*Matt Rieck*

Mi recuerdo favorito de ser católica es la celebración funeraria de mi hijo de diecinueve años hace treinta, cuando tres sacerdotes celebraron su vida en una congregación desbordada. Transmitieron el mensaje de que él podría tocar muchas vidas más con su luz del cielo de lo que podría hacerlo en la tierra... Este mensaje lo significó todo para mí.

—*Nombre retenido*

Mi recuerdo favorito como católica sucedió después del sacramento de la reconciliación. Este momento en particular fue tan

diferente y tan hermoso porque mientras escuchaba hablar al sacerdote, en realidad «sentí» el perdón, «sentí» la presencia de Jesús en este sacerdote, «sentí» la santidad como nunca antes. He conocido a algunas personas santas en mi vida y también he vivido algunos momentos sagrados, pero nada como lo que sucedió durante este sacramento en particular.
—*Marcia McMillen*

Mis recuerdos favoritos son los sacramentos cuando yo estaba creciendo y, más recientemente, durante el retiro de Cristo renueva su parroquia (Bienvenidos).
—*Dave Carlton*

Mi recuerdo favorito como católico era ir a las Estaciones de la Cruz. Fui a una escuela católica durante los primeros ocho años de mi educación, y visitar las Estaciones durante la Cuaresma era la norma. Pero a los dieciocho o diecinueve años, mientras leía una de las respuestas, me di cuenta de que Jesús había muerto por mí. Yo sabía eso, pero esta vez *realmente* me golpeó, y empecé a llorar. Creo que ese fue el día en que el conocimiento que tenía en mi cabeza entró a mi corazón. Hasta el día de hoy ese recuerdo me puede hacer derramar lágrimas de alegría.
—*Janet MacKeller*

Mi recuerdo favorito de ser católica fue en 2016, cuando le escribí a mi papá una carta en que lo invitaba personalmente a convertirse al catolicismo. Me sentí llamada a hacerlo por Dios, y el simple hecho de responder a ese llamado es mi recuerdo favorito. No sabía cuál sería el resultado, pero me llenó de alegría dar un testimonio personal de mi vida como católica. En la carta le agradecí por ser un padre maravilloso y por todo lo que había hecho por mí, incluido el hecho de poder asistir a una escuela primaria y secundaria católica. Mi padre creció como luterano y ha ido a la iglesia católica con mi madre y conmigo toda mi vida. Siempre fuimos juntos como familia, ¡fue genial!

¡Él respondió de una manera muy cálida y positiva! Dijo que siempre había pensado en convertirse al catolicismo y que sabía que algún día lo haría, pero nunca estaba seguro del momento adecuado.

A finales de 2017, recibí una llamada de mi madre. Dijo que mi papá estaba pensando en asistir a una reunión de RICA esa noche, y me pidió que rezara para que él tuviera el coraje de ir.

Para resumir la historia, él fue a la reunión, ha ido a clases todas las semanas desde entonces, y se convirtió al catolicismo en la Vigilia Pascual. Como pueden imaginar, ¡estamos encantados! ¡Dios es bueno! Me encanta que Dios me haya dado un pequeño papel en esta maravillosa parte de la vida de mi padre.

—*Jenny Wilson*

Mi mejor recuerdo fue cuando descubrí Dynamic Catholic hace tres años. Aunque siempre he sido católica, no tuve la relación personal con Jesús que tengo ahora gracias a ustedes.

—*Rose Reed*

Debería decir que mi recuerdo favorito fue saber que mi mejor amigo de la infancia iba a entrar al seminario. Recuerdo lo feliz y emocionado que estaba, lo que a su vez me emocionó y me hizo feliz. Al verlo acercarse más a Dios, yo también me acerqué más a Él. Se hizo sacerdote, y acaba de celebrar cuarenta años en el sacerdocio. Ha sido genial ver cómo lo quieren sus feligreses.

—*Joe Konecny*

Mi recuerdo favorito como católica es ir al comedor para almorzar cuando estaba en séptimo grado para pasar el tiempo sola y en oración. Durante esos treinta minutos, verdaderamente recibí el Espíritu Santo.

—*Kristine Schaefer*

El mejor recuerdo que tengo proviene del día en que hice mis primeros votos temporales. En 1992, después de mi año de noviciado, tuve la bendición de profesar los consejos evangélicos de pobreza, castidad y obediencia. Podría escribir durante horas sobre la tarde del 1 de agosto de 1992, pero tener la oportunidad de seguir a grandes santos y hombres que dan sus vidas es la bendición más grande que puedo imaginar.

—*Padre Steve*

Como la niña más pequeña de mi escuela, desafortunadamente, me molestaron y nadie jugaba conmigo en el patio de recreo. Como era católica, salía del patio y caminaba hacia la iglesia, donde encontraba a mi *mejor* amiga esperándome en el tabernáculo. Hablaba con Jesús y María y me arrodillaba ante ese tabernáculo *sabiendo* que mi Señor y mi Dios, mi mejor amigo, estaban allí para escucharme y amarme. Solía pedirle que me llevara al cielo, pues a nadie le importaría. Dios conocía el plan supremo, así que me dejó aquí. *Seguimos* siendo las mejores amigas, y *todavía* me encanta visitarla en cada tabernáculo que puedo encontrar, especialmente en la Adoración.

—*Rita Zimmerman*

Mi esposa y yo nos convertimos en tutores legales de un niño que enfrentó varios desafíos fuertes en su vida. Una de las actividades en las que lo involucramos fue en el programa de formación de fe en nuestra iglesia. Una tarde nos invitaron junto con los estudiantes a asistir a una charla del padre Donald Calloway. Su charla fue sobre su conversión personal, y luego continuó hablando sobre «católicos de cafetería». Hizo esto de una manera muy compasiva, pero me atravesó el corazón y el ego porque comprendí que yo era uno de ellos. Eso me hizo emprender una búsqueda para encontrar mi «verdadero» yo y entender la voluntad de Dios para mí. Es un esfuerzo diario, momento a momento.

—*Tom Drapeau*

¡Tengo toda una vida de recuerdos! Uno de ellos fue encontrar a Dynamic Catholic hace dos años. Acababa de someterme a algunas cirugías muy difíciles y me sentía muy deprimida. Una buena amiga mía vino a visitarme y me trajo una copia de *Vuelve a descubrir a Jesús*. Ella acababa de asistir a una de las charlas de Matthew Kelly y me habló de él con pasión. Comencé a leer y a suscribirme a los correos electrónicos diarios. Mi fe aumentó mucho y me ayudó a superar un problema de salud muy difícil. Actualmente comparto estos mensajes con mi esposo e hijos, especialmente en los momentos críticos de sus vidas.

—*Nancy Carney*

Mi esposo y yo éramos católicos de cuna, pero solo estábamos actuando por inercia. Hace unos años leímos *Redescubre el catolicismo*, el libro de Matthew Kelly, y esto despertó una gran transformación en nuestra fe. Nos llevó a hacer nuestro Cursillo de fin de semana, el cual nos ha cambiado la vida.

—*Christine Kirchoff*

Creo que Dios nos habla a todos, pero de diferentes maneras y en diferentes momentos. Estaba viviendo mi vida como siempre lo había hecho, en mis propios términos. Esperaba mi jubilación como docente en junio. Tenía grandes planes: viajar, ser voluntaria, pasar tiempo con mis nietos, asistir a un estudio de la Biblia con mi hermana y volver a mi iglesia. (¿Notaron las cosas que estaban al final de mi lista de cosas por hacer?).

Nací y crecí como católica, y mi fe me había ayudado a superar algunos momentos difíciles en mi vida. Descubrí que podía apoyarme en el catolicismo cuando lo necesitaba, pero lo puse en un segundo plano cuando no tenía necesidad. Mi fe católica y mi relación con Dios no estaban en todo mi corazón y mi alma; definitivamente, se podría decir que yo era una católica de medio tiempo. De hecho, hasta ese horrible día en que mi mundo se puso al revés, llevaba más de dos años por fuera de mi parroquia. Tenía todas las razones para no asistir a la iglesia: debía hacer planes para las lecciones, cuidar a mis nietos... se me ocurrió todo lo inimaginable. Afortunadamente para mí, Dios sintió que yo necesitaba un llamado de atención, y así sucedió.

El 17 de marzo de 2017, recibí la noticia de que mi hijo, quien tenía treinta y ocho años, había muerto inesperadamente, dejando a su esposa y dos hijas pequeñas que lloraron su fallecimiento, junto con una hermana y un cuñado, un hermano y una cuñada, muchas sobrinas y sobrinos, tías, abuelos y padres. Pasé los dos meses siguientes como si estuviera envuelta en una niebla, y algunos días pensé que no podría salir adelante, porque ahora comprendo que estaba tratando de hacerlo por mi cuenta.

En esta noche particularmente difícil, mientras lloraba en la cama frente a mi marido, pues creía no poder resistir más, abrí brevemente los ojos y vi que él estaba rezando por mí. Rápidamente los cerré de nuevo y simplemente lo dejé continuar. Fue en ese momento preciso cuando sentí que una paz descendía sobre mí. Era como si Jesús me cubriera con un cálido manto de consuelo. Fue entonces cuando supe que no tendría que recorrer este camino sola, y que Él estaría ahí para sostenerme cuando más lo necesitara. Comencé mi viaje de regreso a la Iglesia católica y a la fe que me había sostenido tantas veces antes. Solo que esta vez, no sería según mis términos, sino para Su gloria.

En varias ocasiones desde esa fatídica noche, Él me ha dicho que todavía sigue aquí, guiándome y cuidándome.

—*Erin Bozeman*

Mi recuerdo favorito como católico es asistir a mi campamento de verano diocesano para jóvenes. Aquellos días junto al lago, en compañía de otros jóvenes animados, felices y espiritualmente energizados, fueron algunos de los mejores días de mi vida. Recuerdo que un día me reí tanto que realmente pensé que iba a vomitar, y que esto debía ser el colmo de la alegría delirante. Yo tenía un sentido de Dios desde una edad temprana, y siempre me había atraído el llamado del cristianismo al amor y al servicio, pero había desconfiado un poco de los aspectos más formales de la fe católica: la liturgia, los sacramentos y especialmente algunas de las «reglas» morales. Pero cuando tenía dieciséis años, los consejeros de ese campamento me enseñaron acerca de la teología del cuerpo, y eso me asombró. Desmantelaron rápidamente muchas de las mentiras de nuestra cultura sobre el significado de la sexualidad, y me ofrecieron una alternativa sustancial y atractiva. No podía creer lo que estaba escuchando. Todas las personas que yo había conocido (incluidos los católicos) consideraban que la Iglesia no sabía de qué hablaba en relación con la sexualidad, y que las enseñanzas del catolicismo sobre el sexo se reducían a negarlo todo. Pero esto fue muy *positivo* y convincente. A partir de esa experiencia, confié en la Iglesia y comencé a ver que todas las cosas que yo no había aceptado eran legítimas y verdaderas. ¡El catolicismo era algo que yo podía abrazar de todo corazón! Le dediqué todo mi corazón y no he mirado atrás, y aunque a veces ha sido un viaje feroz, considero que mi fe católica es el mejor regalo de mi vida.

—*Nombre retenido*

Mi recuerdo favorito es cuando mi esposo y yo fuimos a un fin de semana de Cristo renueva su parroquia (Bienvenidos). Esto puso en perspectiva muchas preguntas sin respuesta sobre nuestra religión y nuestra fe; fue un sentimiento increíble que nunca antes había tenido.

A partir de esa experiencia, comenzamos a tener reuniones bíblicas semanales con varias personas que conocimos de nuestra iglesia. Qué maravilloso sentimiento tenerlos en nuestra casa con la Biblia en nuestra mesa y tres velas encendidas. El brillo de las velas producía una sensación de serenidad en la sala... Jesús estuvo allí con todos nosotros.

—*Corrine Lewis*

Cuando era pequeña, nuestra iglesia del barrio era el único lugar en el mundo en el que me sentía a salvo de todas las cosas que estaban sucediendo en mi vida. La protección de nuestra Santa Madre siempre me hizo sentir segura. Afortunadamente, en esos días, las iglesias tenían el santo rosario todas las noches de mayo y octubre, y esa era la única vez que mi padre me dejaba salir de casa. Ahora tengo setenta años y recordaré ese sentimiento por el resto de mi vida.

—*Marie Hurley*

Esto puede sonar extraño, pero lo que debería haber sido una experiencia aterradora y terrible se ha convertido en una de las experiencias más maravillosas de mi vida. Cuando mi hija mediana se aferraba a la vida por un hilo, recurrí a Jesús y a María como nunca antes. Recuerdo poner a mi hija en los brazos de María y pedirle a Jesús que le tomara la mano. Mi esposo y yo buscamos la reconciliación porque sabíamos que no queríamos que nada bloqueara nuestras oraciones, y durante el mes siguiente experimentamos nuestra propia oración y la de muchos otros, y luego sentimos la paz y la gracia de Dios. ¡Ese mes en la UCI estuvo lleno de gracia! Uno de los médicos llegó un día y dijo: «¡Nunca antes había entrado en una sala de la UCI y sentido tanta paz!». ¡Esto no habría sido posible sin mi fe católica!

—*Missy Hail*

Mi esposo y yo nunca dejamos la Iglesia, pero nos acercamos después de asistir a un estudio bíblico con mi hermano (que se había alejado) y un grupo de evangélicos. Cuando nos enfrentamos a preguntas difíciles, acudimos a nuestro sacerdote, quien nos contactó con nuestro asociado pastoral. Él respondió preguntas más allá de esas preguntas, logramos conocer nuestra fe y, finalmente, nos enamoramos de la Iglesia católica por primera vez. Nuestro recuerdo favorito es cuando realmente nos convertimos en católicos: de corazón, mente y alma.

—*Louise Gillmore*

Mi recuerdo favorito son los dos años que pasé en un seminario franciscano. Aunque resultó que no era mi vocación, siempre recordaré ese momento con gran cariño. Fue una parte importante de mi maduración como adulto.

—*Peter England*

Mi esposo y yo convalidamos nuestro matrimonio hace cuatro años durante una misa. Ser totalmente católica era y es un lugar hermoso para estar. Por muchos años fuimos católicos según nuestras reglas, ¡y ahora finalmente estamos en casa!

—*Jo Brennan*

Cuando era adolescente, tuve la oportunidad de conocer a nuestro sacerdote, el padre «Bud» Wiesler, en nuestra pequeña iglesia en la zona rural de Tubac, Arizona, cuando me ofrecí como voluntario para hacer algunas de las lecturas durante la misa. Luego me preguntó si serviría en el altar y dije que sí. Era un hombre muy amable, y sus instrucciones eran las más simples de todas: «Cuando señale algo, por favor entrégamelo». Bud también compartía pequeños fragmentos de sabiduría conmigo en la sacristía antes de la misa. Recuerdo que decía, por ejemplo, «Dale gracias a Dios siempre. A Él le gusta escuchar cuando estamos agradecidos».

El padre Bud fue reasignado, y en 2003 supimos que había fallecido. Mi madre y yo asistimos a su funeral y nos sorprendió ver la cantidad de personas presentes. Nuestra pequeña iglesia rural tal vez tenía capacidad para 120 personas, pero fácilmente había cuatro o cinco veces más personas que esta cantidad. Supimos que el padre Bud había donado su pequeño salario para ayudar a los pobres; también solía caminar por las calles de noche, atendiendo a las personas que encontraba.

Me sentí tan orgulloso de haber conocido a un hombre tan santo. Él me habló y modeló el amor de Dios por mí.

—*Michael O'Keefe*

Un par de años después de enseñar EPR (Escuela parroquial de religión), uno de mis antiguos alumnos resultó gravemente herido tras sufrir un accidente en un cuatrimotor, y al principio solo le dieron pocas horas de vida. Luego pensaron que quedaría cuadripléjico. A continuación, estuvieron seguros de que sufriría un daño cerebral grave. Las Hermanas de la Misericordia rezaron por él con su familia en el hospital. Treinta días después salió de allí como si no le hubiera pasado nada. Yo había presenciado un milagro. Si alguna vez hubo una duda en mi pequeño cerebro, no existió después de eso.

—*John Drabik*

Soy católica de cuna, fui criada por padres estrictos, y nunca faltamos a una misa dominical. Sin embargo, cuando era joven, no entendía completamente la importancia de la misa y de nuestro maravilloso Señor. Había muchas cosas que no sabía. Después de casarme, me alejé de la Iglesia debido a mi falta de educación religiosa, y mi esposo tampoco era creyente. Sin un sistema de apoyo sólido, yo no tenía la fuerza interior para volver a la iglesia por mi cuenta.

En 2001, y a mis cuarenta años, me invitaron a un fin de semana de Cristo renueva su parroquia (Bienvenidos) en una parroquia local. Las palabras no pueden describir el poder de ese fin de semana y de cómo transformó mi vida... Hasta el día de hoy recuerdo cada detalle de esta increíble experiencia. Después de ese fin de semana, nuestro hermoso Jesucristo me dio fuerzas para terminar una relación abusiva, me convertí en feligrés activa en mi iglesia, he llevado a personas no creyentes a la Iglesia a través de mis creencias y mi fe, sirvo a los pobres y a los moribundos, y recientemente experimenté un milagro; todo esto sucedió debido al amor de nuestro hermoso Jesucristo.

—*Toni Brady*

Mi mejor recuerdo es cuando hice una confesión general después de haber vivido en un estado de pecado mortal durante muchos años. ¡Saber que tenía la gracia santificadora en mi alma fue algo hermoso!

—*Shawn Kovash*

Estuve un tiempo en Japón y las circunstancias me hicieron renunciar a encontrar una iglesia cercana. Realmente extrañaba la misa, salía a caminar y compartía ese pensamiento con Dios. A los pocos minutos pasé por una iglesia católica donde la misa comenzaría en cinco minutos. ¡Dios es bueno! Me sentí como en casa y bienvenida, aunque los japoneses, que son reservados, escasamente advirtieron mi presencia. Por supuesto, la señal de la paz era un arco silencioso en lugar de un apretón de manos. Fue uno de mis recuerdos favoritos de la misa.

—*Angela Lennox*

Estábamos recorriendo Francia en autobús cuando ocurrió el atentado del 11 de septiembre. La noche siguiente fuimos a la recitación del rosario vespertino en Lourdes. ¡Fue increíble!

El lugar estaba tan lleno que apenas podíamos movernos, pero todos los asistentes parecían estar cómodos. Miles de personas rezaban en cientos de idiomas diferentes, y todos por la misma cosa: la paz. ¡Era la fe católica en acción, y estaba viva!

—*June Andrews*

Mi recuerdo favorito es la primera vez que asistí a la Adoración. Me abrumó con una sensación de paz y me dio tranquilidad mental.

—*Paul Thibeault*

Asisto a RICA para aprender más sobre mi hermosa religión y, a los ochenta y siete años, recibo muchas respuestas maravillosas a algunas de las preguntas con las que he tenido problemas.

—*Jean Woytek*

Mi recuerdo favorito como católico es la primera vez que escuché a un sacerdote católico hablar de tener una relación con Jesucristo. Me sentí impresionado porque nunca antes había escuchado a un sacerdote católico decir eso en una homilía. Parecía ser algo de lo que solo hablaban los protestantes. Sabía que algo grande estaba sucediendo en nuestra religión católica. ¡El Espíritu Santo de Dios estaba despertando almas!

—*Deb Chmelar*

Uno de mis recuerdos favoritos como católica fue cuando tenía doce años. Mi madre estaba en el hospital luchando contra la leucemia. Íbamos a verla los fines de semana. Me quedé con ella un domingo cuando todos se habían ido. Un capellán entró y le dio la Santa Comunión a mi madre. Ella había tenido mucho dolor ese día. Tras recibir la Comunión, una verdadera paz se apoderó de ella y comenzó a resplandecer. Justo en ese momento supe que la Eucaristía era real. Sabía que nunca abandonaría la Eucaristía.

—*Lynn Adelman*

Mi momento favorito de ser católica fue cruzar las puertas de la iglesia para bautizar a mis hijos gemelos. Era profundamente consciente de que eran un regalo de Dios y que yo los estaba devolviendo para agradecerles y comprometerlos a su cuidado, y comprometerme también a educarlos para que conocieran a Dios y fueran hombres piadosos.

—*Carole Ambroziak*

Aunque tengo muchos recuerdos maravillosos relacionados con la Iglesia católica, hay uno que fue una experiencia verdaderamente magnífica para mí. En 2015 me gané un viaje de peregrinación a Italia con Dynamic Catholic. Mi esposa Carla y yo siempre habíamos soñado con hacer una peregrinación a Italia, pero como bombero jubilado, eso estaba un poco más allá de nuestras posibilidades. No pueden imaginar nuestra alegría cuando recibimos la noticia de que yo me había ganado ese viaje a Italia. ¡Yo era alguien que, aparte de mi encantadora esposa en matrimonio, nunca había ganado nada de importancia en toda mi vida! Con mi viaje pagado, los dos podíamos permitirnos una peregrinación que antes solo podíamos soñar. Fue una experiencia verdaderamente maravillosa y cambió nuestras vidas. Poder visitar Roma, ver al Santo Padre en persona, asistir a la misa en la Basílica de San Pedro y recorrer la Basílica y el museo del Vaticano fue un sueño hecho realidad. Monte Cassino, San Giovanni Rotondo, Lanciano, Asís, Matthew Kelly, el Dr.

Allen Hunt, monseñor Lisante, el padre Sherry, el padre Deiters, los miembros de Dynamic Catholic, 206 Tours y todos los miembros de nuestro grupo de peregrinaje hicieron que fuera una experiencia inolvidable y bendita. ¡Fuimos verdaderamente bendecidos!

—*Thomas Sullivan*

Valoro el recuerdo de nuestra reunión familiar para rezar juntos el rosario. Ahora rezamos el rosario todos los miércoles en familia (lo hacemos virtualmente porque estamos dispersos en los estados de Massachusetts, Nueva Jersey, Connecticut, Virginia y California). Rotamos las intenciones, cada hermano recibe una semana de su intención, y todos rezamos por eso.

—*Nombre retenido*

Mi recuerdo favorito: el momento en que mi esposa y yo nos encontramos en la parte posterior de una fila para la confesión unos años después de que ambos estuviéramos viudos.

—*Peter Korman*

De lejos, el recuerdo más preciado de mi fe católica es rezar el rosario en familia. Usamos el rosario de las Escrituras, y las historias de la vida de Jesús tuvieron un impacto profundo y duradero en mí. Aún puedo ver la cara de mi padre cuando terminábamos de hacerlo. Se iluminaba con una profunda alegría y decía algo como: «¡Muy bien, maravilloso!». Yo siempre observaba su reacción porque era muy contagiosa.

—*Nombre retenido*

Trabajé tres años como secretaria parroquial. Me encantó estar

involucrada y dedicada a todas las actividades de una parroquia
católica, apoyar a los sacerdotes y escuchar sobre todas las
actividades que se llevan a cabo en la diócesis.
—*Annie Chermak*

Yo estaba en un lugar muy oscuro. No tenía esperanzas. Intenté
acabar con mi vida. Encontré un terapeuta y estaba tomando me-
dicamentos, pero nada había cambiado. No tenía ninguna razón
para vivir. Mi amiga me llamó y me dijo que me daría una beca
para un retiro de ACTS. Le di todas las excusas posibles, pero el
Espíritu Santo tenía otros planes para mí. Fui al retiro. Tuve una
renovación en mi fe. Encontré una relación nueva y real con Jesucristo. También encontré una razón para vivir; ese era el plan de
Dios para mí. Mi retiro fue en 2011 y desde entonces he participado al cien por cien en el programa ACTS. Gracias a ACTS, tengo una verdadera «familia», un propósito, me he unido a muchos
grupos de voluntarios a través de la comunidad de ACTS y tengo
fe, esperanza y amor en Dios, en Jesucristo, en el Espíritu Santo
y en mis vecinos.
—*Elsa Marsh*

Mi recuerdo favorito es mi historia de conversión personal.
Quería participar en los campeonatos estatales de natación en mi
último año de escuela secundaria. Luego de leer Marcos 11:24,
supe que Dios proveería todo lo que le pedí en oración, y creí
que lo recibiría. ¡Rezaba el rosario todos los días además de na-
dar cuatro horas diarias, y Dios me ayudó a visualizar y a lograr
mi objetivo de participar en los campeonatos estatales! Desde ese
momento, en cualquier ocasión en que la tentación o las dudas

empezaban a acudir a mi mente, recurría a este recuerdo favorito y mi fe como católico se fortalecía.

—*Michael Phinney*

Mi recuerdo favorito es que mi madre me enseñó a rezar cuando yo tenía unos cinco años. Rezaba para que Dios no me dejara dormir hasta que dijera mis oraciones. Tengo distintos recuerdos de las noches cuando tenía seis o siete años, dando vueltas en la cama hasta que me acordaba de rezar. Entonces, al igual que Pedro, Santiago y Juan, ¡no podía permanecer despierto una vez que empezaba a rezar!

—*Bill O'Brien*

Mi recuerdo favorito es el día en que mi vida cambió durante la Adoración cuando me presenté ante el Señor como una pecadora desesperada y Él me consoló. Jesús me reveló que entendía mi soledad y mi dolor porque había experimentado eso mismo en el jardín antes de ser arrestado para ser crucificado. Por eso supe que no estaba sola, y mi vida cambió para siempre. Fui sacada de las profundidades de la desesperación, y poco a poco fui liberándome del pecado habitual del que había sido esclava.

—*Erika Walker*

Mi familia estaba pasando por una crisis, y mi hermano y yo teníamos polio. Él se vio gravemente afectado por el hecho de que mi madre tuvo que llevarlo a varios hospitales y centros de rehabilitación durante días e incluso semanas. Las Hermanas de San José de mi escuela primaria me acogían, y mi trabajo era pulir los pisos alrededor del altar, algo de lo que me sentía muy honrada de hacer. También vi dónde estaban escondidas las estatuas de los «heridos». Solía ir a visitarlos y «arreglarlos», rezar por ellos y pedirles que rezaran por mí. Estoy segura de que en ese momento se sentían tan abandonados como yo. Si hubiera podido, me habría acostado con ellos para hacerles compañía.

—*Stella Miller*

Fui a un retiro cuando estaba en mi primer año de secundaria. Allí escuché por primera vez el mensaje del Evangelio. Aprendí que Dios me amaba personalmente y que deseaba una relación personal conmigo. Hubo confesión y adoración durante la noche del sábado. Después de confesarme y recibir el amor y la misericordia incondicionales de Dios, me arrodillé ante la Eucaristía. Mirando hacia arriba al Anfitrión, encontré una paz y una alegría que no había experimentado antes. En ese momento supe que Jesús me amaba personalmente y que deseaba tener una relación conmigo.

—*Michael Jacobs*

Vivo en Maryland. En 1985, el Papa Juan Pablo II celebró una misa en nuestro estadio de béisbol (Camden Yards). Mi familia (mi esposo, y cuatro hijos muy pequeños en ese momento) tuvo el honor de que me pidieran, junto con una pareja de ancianos, llevar los regalos al ofertorio. Hubo un ensayo dos días antes de la misa en el estadio. Mientras ensayamos, hubo actividades de todo tipo. Apenas estaban construyendo el altar. Se llevaron a cabo diferentes actividades, así como ensayos para otras partes de la misa y las celebraciones ese día. La escena era algo caótica. No podía imaginarme cómo se haría todo esto a tiempo para la misa. ¡Pero se hizo! Y cuando salí al campo de juego ese día, Camden Yards ya no era un estadio de béisbol. Era una iglesia. Más de cincuenta mil personas se reunieron allí para escuchar la proclamada Palabra de Dios, recibir la Sagrada Eucaristía y ser enviados a anunciar la Buena Nueva. Por primera vez, entendí realmente que la Iglesia no es un edificio. ¡Es la gente!

—*Karen Spivey*

Mi recuerdo favorito como católica es asistir a misa con mi familia cuando era niña. Mi madre tenía una enfermedad mental, y mi padre, aunque muy trabajador, era emocionalmente ausente, callado y difícil de relacionarse con él. Sin embargo, cuando íbamos a misa, ¡podía verlos en su mejor momento! Mi madre, que a menudo era de mal genio y emocionalmente inestable, se relajaba y estaba en paz. Nos trataba a cada uno de sus cuatro hijos con ternura y afecto, y a menudo me frotaba la espalda o jugaba con mi pelo mientras escuchábamos las lecturas. El amor de mi padre por el Señor aparecía, y me sostenía en sus brazos con mi cabeza apoyada sobre él de tal manera que podía escuchar su voz vibrar en su pecho mientras cantaba. Mis padres eran la mejor versión de ellos en la misa, y como resultado, cada vez que entro a una iglesia católica me siento como en casa.

—*Lisa Pitkin*

Mi historia no hubiera sido posible sin que Dios me rescatara y me mostrara lo que era más importante en mi vida, lo que me llevó a convertirme a la fe católica en 1965 a los veintinueve años. Mi mayor fe elevó mi vida espiritual a nuevas alturas de talentos y habilidades que nunca hubiera imaginado. Dios me dio muchos desafíos para probar y ensayar mi valía. Me rendí a muchas de las gracias de Dios y mi fe creció constantemente en conocimiento y comprensión. Avancé significativamente en la administración y las responsabilidades en beneficio de mi familia y mi trabajo. Me he sentido más vivo entregándome a un propósito importante y más elevado que yo: el amor por la fe católica y hacer la voluntad de Dios, que equivale a descubrir «la mejor versión de mí».

—*Jim Coleman*

Después de tener una experiencia poderosa en un retiro de fin de semana en la iglesia, nada fue igual para mí. Estaba decidido a no olvidar esa experiencia y a no volver a caer en viejos hábitos y patrones. Quería vivir mi vida de una manera que reflejara el gran regalo que había recibido. Comencé a ir a misa todos los días y pasé tiempo en oración conversando con Dios a lo largo del día. Ansiaba las Escrituras como si fueran los postres más decadentes. Mi apetito por ellas era insaciable. Dicen que cuando el alumno está listo, aparece el profesor. Yo estaba listo y, por primera vez en mi vida, las palabras de la página cobraron vida. Leí historia tras historia de otros pecadores como yo, que tuvieron un profundo cambio en su corazón una vez que encontraron a Dios en la carne. El Dios de toda la creación me estaba hablando y yo estaba escuchando.

Leí en la Carta de Pablo a los efesios: «Pues habéis sido salvados por la gracia mediante la fe; y esto no viene de vosotros, sino que es un don de Dios» (Efesios 2, 8). ¡Entendí eso! Me estaba volviendo cada vez más consciente de la magnitud de este regalo que me habían dado. Yo no había hecho nada para recibir esta nueva fe. Fue un regalo puro, y ciertamente no lo merecía. Eso fue lo que lo hizo elegante, y lo atesoré más de lo que nunca he apreciado más que cualquier otra cosa en mi vida. En el pasado, yo esperaba que Dios me encontrara, pero ahora yo estaba tomando la iniciativa. Estaba persiguiendo a Dios. Estaba cooperando con la obra de Su gracia en mi vida, en lugar de resistirme a ella.

Además de la misa y las Escrituras, también me sentí atraído con frecuencia por el sacramento de la reconciliación. Sé que es «algo» católico, y la gente bromea todo el tiempo sobre la «culpa católica», pero *hay* algo en hablar en voz alta de tus transgresiones y escuchar que alguien te diga: «Tus pecados han sido perdonados». Esto fue catártico para mí, y por primera vez en mi vida, no fui a la reconciliación porque sentía que *tenía* que hacerlo, sino porque *quería*. Era muy consciente de mi pecado y anhelaba el perdón. Me sentí obligado a reflexionar y examinar mi pasado con un peine de dientes finos, volviendo una y otra vez para confesar los pecados que había olvidado hacía mucho tiempo. Hubo muchas cosas que seguí sacando a la luz, cosas que realmente luché para dejar ir. Finalmente, un día, después de asistir varias veces en un período de pocas semanas, mi sacerdote me dijo: «Bo, realmente creo que Dios quiere que dejes de mirar hacia atrás y sigas más bien hacia adelante».

Lo intenté, pero había una mancha más en mi pasado que gradualmente se hizo notablemente evidente. Tres años antes me había hecho una vasectomía. En ese momento, ciertamente no pensé que tuviera algo que ver con mi fe o mi relación con

Dios. Para mí, era una cuestión de practicidad. Stacy y yo nos casamos y empezamos a tener hijos cuando éramos muy jóvenes y estábamos todavía en la universidad. Para mí, vi la vasectomía como mi oportunidad de «ponerme al día» en mi carrera y recuperar el tiempo perdido. Ansioso por pasar a la siguiente etapa de nuestras vidas, tan pronto como nació Nicky, nuestro tercer hijo, comencé a insistirle a Stacy sobre cuándo podría hacerme una vasectomía. Ella no me hacía caso, y me decía que podría hacerlo cuando cumpliera treinta años.

Un mes y medio después de mi trigésimo cumpleaños, me encargué de ello y nunca miré atrás, es decir, hasta tres años después, cuando todo cambió. Yo había cambiado, y mientras Dios estaba moldeando y dando forma a mi corazón, mis percepciones acerca de mi propia conducta pecaminosa estaban cambiando, así como mi comprensión de mi fe y las enseñanzas de la Iglesia. Estaba empezando a ver a Dios como el Creador amoroso del universo, que constantemente daba luz a la vida y la sustentaba. Nunca antes había pensado en eso. También estaba empezando a abrazar mi papel como cocreador, y eso me impresionó. Dios nos permitió traer vida a este mundo como sus socios. Mi pecado fue el hecho de no confiar en Él en esa relación, y yo sabía que tenía que volver a la reconciliación.

Lo que me dijo el sacerdote cambió el curso de mi vida y la de mi familia a partir de ese momento. Al oír el arrepentimiento en mi voz, dijo: «Sabes, Bo, cuando salgas de aquí, estarás perdonado, pero... Parece que sería un gran regalo para tu esposa, y sé que también lo sería para Dios, si lo revertieras». Inmediatamente supe en mi corazón lo que tenía que hacer. Cuando le dije a Stacy, las lágrimas silenciosas corrieron por su rostro y ella dijo: «Bo, nunca quise que te hicieras la vasectomía en primer lugar».

Emocionados por la posibilidad de una reversión de la vasectomía, después de investigar un poco, encontramos a un médico en San Antonio, que hacía reversiones por la mitad del precio, por lo que Stacy y yo nos dirigimos a Texas. Fue una experiencia maravillosa. Había escuchado a la gente hablar sobre la «alegría», pero no creo que haya entendido realmente lo que significaba sentir alegría hasta que tuve esa experiencia. Al regresar a casa con Stacy, supe que sentía una verdadera alegría. Seguí recordando dos escenas de las Escrituras, el bautismo de Jesús y su Transfiguración. En ambas ocasiones, se escucha la voz audible de Dios que le dice a Jesús: «Este es mi hijo amado, en quien tengo complacencia». Eso fue exactamente lo que sentí que Dios me estaba diciendo y cómo se sentía con respecto a mí. Yo era su hijo amado, ¡y Él estaba contento *conmigo*!

—*Bo Govea*

Tres

Como católico, ¿cuáles son tus esperanzas para el futuro?

¡Mi esperanza para el futuro es que la gente redescubra la fe católica y que otra vez haya «un lugar solo para estar de pie» en la misa del domingo!
—*Mary Anne Linsell*

Mi esperanza para el futuro como católico es que todos los padres comprendan su responsabilidad de enseñar a sus hijos los principios de nuestra fe. Espero que se centren en el mundo futuro en el que sus hijos tengan un impacto, y comprendan que enseñarles a vivir sus vidas como verdaderos discípulos de Cristo ayudará a lograr un mundo que Dios quiso que tuviéramos.
—*Bruce Robertson*

Mi esperanza para el futuro es que nos volvamos a unir como una nación bajo Dios.
—*Jim Mall*

Mi esperanza para los futuros católicos es que encuentren tiempo para estudiar más la Biblia y reflexionar sobre lo que están leyendo y aprendiendo. He participado en muchos estudios bíblicos y he descubierto que otros cristianos no católicos conocen la Palabra de Dios de una manera diferente a la que yo conozco. Como católica, veo que estoy tan atrapada en los rituales que no siempre proceso la Palabra de Dios como debería. ¡No me malinterpreten! Disfruto los rituales, pero no he permitido que sean el único enfoque. Ahora tengo un doble enfoque durante la misa: la Palabra de Dios y los rituales relacionados con la misa.
—*Susan Wood*

Mi esperanza para el futuro es que el actual movimiento hacia el secularismo en nuestra sociedad sea revocado pronto... como resultado del catolicismo dinámico y del cristianismo dinámico. Espero que las personas que se han volcado a todo, excepto a Jesucristo para llenar su vacío, finalmente encuentren satisfacción y paz en Él.

Quiero ver iglesias llenas de familias jóvenes y viejas, con amigos que asisten juntos, con grupos de jóvenes y adultos jóvenes, con solteros, con personas de todos los ámbitos de la vida y con personas mayores que han asistido a misa toda su vida.

¡Quiero vivir en un mundo donde la sociedad y los líderes mundiales no tengan miedo de hablar sobre el cristianismo! Que hagan declaraciones AUDACES sobre el cristianismo. Que regresen a la oración en las escuelas y antes de los eventos deportivos sin discriminación contra los cristianos. Quiero vivir en un mundo que respete la vida, especialmente las de quienes no han nacido aún.

Me niego a pensar, como dicen muchos pesimistas, que la Iglesia se está muriendo. ¡No si podemos evitarlo! ¿Por qué SÉ que se puede hacer todo esto? Porque veo a personas como Matthew Kelly, un individuo que se inspiró en un mentor maravilloso, que está construyendo una organización poderosa con la misión de hacer que la Iglesia católica sea dinámica y apasionada nuevamente. Pensar que *una persona* puede producir tantos cambios en nuestra Iglesia y en la vida espiritual diaria en un tiempo relativamente corto, me da plena confianza de que vamos a revivir y prosperar....

—*Ann Molteni Bridenstine*

Espero que en el futuro nuestra sociedad, y en particular los niños, piensen que es «genial» ser católicos. Que nosotros (y en particular los niños y adolescentes) no solo estamos orgullosos de ser católicos, sino que también lo somos. A menudo se ven personas con camisas, sombreros, etc., de un equipo o universidad favorita. Están orgullosas de sus equipos y escuelas y les encanta mostrar su orgullo. En la escuela secundaria puede ser «genial» estar en un equipo deportivo o formar parte de una determinada actividad. Sueño con el día en que mis hijos (y un día nietos) estén orgullosos de ser católicos y quieran que otros sepan que lo son. Sueño con el día en que los «niños geniales» en la escuela sean los que forman parte del grupo de jóvenes católicos y de otros niños que quieran unirse al grupo. Sueño con el día en que los católicos en general estén tan orgullosos de nuestra fe, que queramos que todos sepan que somos católicos y lo que esto significa realmente. ¡Ser católico es genial!

—*Eric Knachel*

Mi esperanza para el futuro es la paz en el mundo, la paz en nuestro país, la paz en nuestras comunidades, la paz en nuestras familias y la paz en cada uno de nuestros corazones.

—*Margaret Mueller*

Mis sueños para la Iglesia católica son:

1. Todo católico debería creer en la presencia real de Jesucristo en la Eucaristía.
2. Cada católico debería aprender y abrazar lo que la Iglesia católica ha hecho por la educación y la atención médica en el mundo.
3. Cada católico podría y estaría dispuesto a defender su fe cuando otros tergiversen lo que hacemos (y lo que no hacemos)
4. Todo católico debería ser un sacramento vivo, un signo exterior de Jesucristo en nuestro mundo atribulado.

—*Gretchen Cooney*

Mi esperanza para el futuro es que todos veamos que Jesús es la respuesta a todas nuestras oraciones.
—*Maria Sotelo*

Mis esperanzas para el catolicismo residen en los jóvenes de hoy, que comprendan la belleza y la importancia de vivir nuestra fe cada día.
—*Suzanne Muzzarelli*

¡Una Iglesia fuerte y vibrante para nuestros preciosos nietos!
—*Junnie Winters*

Mi esperanza para la Iglesia católica es que inspiremos a nuestros jóvenes a hacer de la misa y de su fe una prioridad. Gran parte de aquello por lo que están pasando se puede reforzar positivamente en la misa. Debemos predicar con el ejemplo y mostrar a nuestra generación más joven todas las bendiciones que se obtienen al hacer de nuestra fe una parte integral de nuestra vida.

—*Angie Gould-Wilmington*

Mi esperanza para el futuro es que la Iglesia católica se mantenga firme en defender los principios morales que son la base de nuestro cristianismo. Gran parte de nuestro tejido moral se está erosionando en la cultura secular de hoy. Si nuestra Iglesia no puede permanecer firme, ¿en qué lugar del mundo estará nuestra cultura?

—*Janet Cook*

Varias veces en los últimos años, he visto a mis dos nietos adolescentes, al igual que a muchos otros adolescentes, regresar a la Marcha por la Vida y a los retiros de fines de semana en Steubenville.

Regresan cansados de un largo viaje en autobús, pero llenos de vida y con los corazones encendidos por el Señor. Ruego que mantengan este fuego ardiendo en sus corazones cuando se conviertan en adultos católicos. Creo que pueden llevar este fuego a sus parroquias e iluminarlas para que comprendan que Jesús puede traerles una luz fuerte. Estoy segura de que este grupo proporcionará algunos sacerdotes para nuestro futuro, y muchos otros feligreses católicos activos.

Muchas personas renuncian a nuestra juventud, pero sé que traerán vida a sus parroquias. Confío en que traerán este fuego por Jesús a la Iglesia.

—*Jane Varick*

Espero una Iglesia actualizada, renovada y fortalecida por las pruebas que enfrenta hoy.

—*Pamela Kavanaugh*

«Para que sean uno como nosotros somos uno». (Juan 17:22). Mi esperanza es que un día los grandes elogios y la adoración de nuestros hermanos y hermanas protestantes se reúnan plenamente con los sacramentos de la Iglesia católica. Por ahora, podemos celebrar las verdades que tenemos en común y explorar nuestra reunión con oraciones.

—*Nancy Bricker*

¿Cuál es mi esperanza futura como católica? Mi respuesta inmediata a esta pregunta es la conversión de mi familia: mi cónyuge y tres hijos adultos. Ruego a Santa Mónica diariamente por su conversión. Sé que Dios escucha mis oraciones y veo evidencia de que Él obra en sus vidas todos los días.

Desde una perspectiva más amplia, mi esperanza como católica es que todos los católicos busquen una relación más profunda con nuestro Señor a través de los tesoros de nuestra fe, y que los católicos que han descubierto estos tesoros «no tengan miedo» de compartir estos regalos con todas las personas que conozcan. Finalmente, mi esperanza es que los católicos se conviertan en discípulos misioneros de Cristo al esforzarse por ser las manos y los pies de Jesús en un mundo que necesita desesperadamente un salvador.

—*Lynn Marion*

Mi deseo como madre es que mis hijos amen a Dios tanto como yo lo amo a Él, y que mi fe sea la suya cuando alcancen la edad adulta y se la transmitan a sus hijos.

—*Marieli Amador*

Espero y rezo para que la sociedad se aleje del relativismo una vez más. Me parte el alma que la preferencia haya reemplazado a la moral cristiana. Está en todas partes, incluida mi propia familia. Muchas personas tienen miedo de hablar de cómo se sienten realmente acerca de su fe católica por temor a ser rechazados. No siempre es fácil ser católica, ¡pero vale la pena! También tengo dificultades, pero estoy muy agradecida con Dynamic Catholic, que me ayuda a volver a lo que me han enseñado y en lo que creo. Cuando estaba haciendo «La mejor Cuaresma de mi vida», luchaba con algunas cosas que sucedían en mi trabajo. Estaba muy angustiada y sentía que no había luz al final del túnel. Y luego, la luz se encendió un día cuando Matthew Kelly hizo una declaración simple: «Solo haz lo correcto». Esto me impactó con mucha intensidad, y trato de compartir este mensaje con todas mis fuerzas. Como madre de dos adultos jóvenes sometidos a todo el relativismo que existe, es un gran desafío. Me siento agradecida y afortunada de tener un esposo que ha trabajado junto a mí para compartir nuestra fe, y espero que con nuestro ejemplo vean lo que significa ser un católico fiel. Así como mi madre de casi noventa años continúa rezando por sus hijos, yo también continuaré rezando por los míos y seguiré creciendo en mi fe.

—*Bernadine Smalley*

La Iglesia católica es una influencia muy poderosa para muchas personas. Me gustaría ver que más laicos asuman el papel activo de convertirse en diáconos. También me gustaría ver expandido el papel de los diáconos dentro de la Iglesia. Me gustaría ver la

expansión del ministerio Dynamic Catholic en Estados Unidos.
—*Lynn Bustos*

Mi esperanza es que veamos mayores vocaciones por el sacerdocio y un fuerte crecimiento en la Iglesia católica.
—*Donald Schade*

¡Que más personas regresen y abracen a la Iglesia, y traigan a otros a ver la genialidad del catolicismo!
—*Ceci Matthews*

Mi esperanza para el futuro es algo para preservar los matrimonios, porque para mantener unidas a las familias tenemos que mantener los matrimonios unidos. Las familias que rezan unidas permanecen unidas.
—*Debbie Perez*

¡Espero que un mayor número de personas conozcan el genio del catolicismo y que los jóvenes regresen a él!
—*Mary Beth Atherton*

Espero que mis hijos hereden el amor por la Iglesia. Mi principal objetivo como madre es darles este tesoro, nuestra fe. Espero que haya buenos líderes y la libertad de adorar.
—*Heather Tomas*

Que toda la humanidad llegue a conocer a Jesús al partir el pan a través de nuestras oraciones, los ejemplos que damos, y de nuestra caridad y amor hacia todos.
—*Helen Lehner*

¡Mis esperanzas para el futuro incluyen una Iglesia católica más unificada, basada en las enseñanzas sagradas del magisterio y en las familias que apoyan activamente las vocaciones de más sacerdotes y religiosos!
—*Mike Eikenberry*

Mi mayor esperanza es que todos los cristianos puedan unirse y estar juntos como Equipo de Cristo y tener una Iglesia verdaderamente universal.
—*Vicki Faber*

Criar niños católicos y renovar la faz de la tierra persona por persona, irradiando nuestro amor por nuestra fe.
—*Kristen Ryan*

Que todo el mundo, cada nación, raza y afiliación religiosa actual, se convierta al catolicismo. (No es un deseo demasiado pequeño, ¿verdad?).
—*Barbara Brady*

Mi esperanza para el futuro es que encontremos formas de revitalizar a los católicos tal como yo he sido revitalizada. Tenemos una fe asombrosa, una historia asombrosa, y aunque nuestra Iglesia ha tenido sus momentos cuestionables, ha resistido el paso del tiempo y ha continuado.
—*Gigi McKinzie*

Mis esperanzas son ser un santo y ayudar a hacer lo mismo a quienes me rodean.
—*Bill Moran*

Espero que podamos ser relevantes. Necesitamos ser capaces de mantenernos fieles a nuestras creencias católicas fundamentales, pero estar dispuestos a cambiar en otros sentidos para adaptarnos a nuestro tiempo actual.

—*Sue Janowski*

Mi esperanza para el futuro es ver crecer el programa RICA entre los asistentes, de modo que cada parroquia necesite varios equipos para acomodar a todos los que eligen ser católicos activos, y que esto suceda debido a lo que los católicos existentes estén haciendo para atraerlos.

—*Ruth Munger*

Mi esperanza para el futuro es que cada católico se levante y defienda la vida desde la concepción hasta la muerte.

—*Annette Shaughnessy*

Mi esperanza para el futuro es que todos los católicos, practicantes y no practicantes, aprendan verdaderamente la belleza de la fe católica al conocer al Espíritu Santo y permitirle que obre en sus vidas.

—*Nombre retenido*

Mi esperanza como católica es ver, en nuestra vida, una reunificación de cristianos en todo el mundo. Que el resto del mundo cristiano entienda, FINALMENTE, que Jesús es el novio y la Iglesia es su novia, y que todas nuestras «reglas y regulaciones» solo tienen el propósito de liberarnos del pecado y conducirnos a un camino hacia vida eterna.

—*Jim Furto*

Espero que el catolicismo sea rejuvenecido y que la gente vea que esta gran tradición contiene mucha verdad. En este mundo donde las personas están comenzando a «crear sus propias verdades», rezo para que una vez que comiencen a sentir el vacío que surgirá de esa forma de pensar, les haga buscar lo que realmente llenará el vacío. Eso es lo genial del catolicismo.

—*Michelle Hurley*

Mi esperanza para la Iglesia es que crezca en número y unidad, y que siempre escuche al Espíritu Santo en busca de orientación.

—*Kathy Sechler*

¡Que los valores de nuestro país se muevan para reflejar los dos mandamientos básicos: amar a Dios y amarnos unos a otros!

—*Mike Caza*

Mi esperanza para la Iglesia católica es que pueda llegar a tantas personas como sea posible para compartir su belleza. Mi esperanza también es que crezcamos en estudios bíblicos. Necesitamos conocer la Biblia. Leerla. Tomar notas. Memorizar las Escrituras favoritas. Compartir *buenas* experiencias con otros sobre el catolicismo. Quiero que la Iglesia ayude a sus miembros a seguir creciendo en la fe a lo largo de la vida.

—*Robin Emmons*

Mi esperanza para el futuro es que estas iglesias se llenen una vez más con nuestros hijos y los suyos, adorando de una manera alegre, ansiosos por estar allí. Espero que vivamos nuestra fe de una manera más auténtica y que Dios vuelva a ser prominente en nuestra sociedad, hogares y familias una vez más.

—*Jean Pendleton*

Mi esperanza para el futuro es que los católicos en América y en todo el mundo se den cuenta de que necesitan a la Iglesia por su sabiduría, orientación y verdad, y que vivir los principios del catolicismo es la mejor manera de vivir.

—*Anthony Swierzbinski*

Espero que más ovejas perdidas regresen a la Iglesia, ¡o que vengan simplemente!

—*Padre Shaun Foggo*

Como católica, mi esperanza para el futuro es la conversión del mundo persona por persona a medida que crecemos en nuestra fe y conocimiento de Dios y de su Iglesia a través de la oración intercesora y de maestros asombrosos como los de Dynamic Catholic. Todos los días deseo ser una mejor versión de mí. Sé audaz. Sé católica.

—*Kathy Rodamaker*

Debemos encontrar una manera de vigorizar al grupo de católicos que acaban de ir a misa, pero que por lo demás no están involucrados. También debemos ser más activos en traer de nuevo a aquellos que se han alejado de la Iglesia, lo que desafortunadamente incluye a nuestros hijos. Debemos ser evangelistas más activos.

—*Jim Cannon*

Mi esperanza es que todos los católicos aprendan y vivan su fe auténticamente.

—*Steve Wytrykusz*

Espero que la Iglesia católica desarrolle un mayor sentido de la comunidad, como lo veo en nuestros hermanos y hermanas protestantes.

—*Sharon Squires*

Nuestra esperanza es que la Iglesia católica sea revitalizada, que tanto el clero como los laicos se conviertan en la mejor versión de sí mismos. A medida que los medios de comunicación y las personas en el mundo occidental se vuelven más seculares en términos generales, esperamos que la Iglesia pueda ser un faro de luz para todos.

—*John and Mary Ann Sorci*

Mi esperanza para el futuro es que la oración pueda ser parte de cada día en la escuela. Espero que el aborto llegue a su fin. Rezo para que las personas encuentren su felicidad, sus esperanzas y sus sueños sin aplastar a los demás. Espero un mundo que tome decisiones basadas en lo que Jesús haría en lugar de lo que un grupo político cree que deberían hacer. Espero un futuro donde las personas estén contentas con lo que tiene y con vida que están viviendo porque reconocen que todo lo que son y todo lo que tienen proviene de Dios.

—*Melanie Edmonson*

Ruego diariamente para que las personas comiencen a amarse y respetarse a sí mismas y a los demás. Espero que la «sociedad de oropel» en la que vivimos hoy, comience a darse cuenta de que no se trata solo de mí, de mis hijos o de mi pequeño mundo. Espero que nos amemos y respetemos mutuamente y que estos principios se lleven a cabo en nuestras palabras y acciones diarias, independientemente de que seamos un funcionario gubernamental importante o de un jardinero en Bakersfield que trata de ganarse la vida. Y espero que todos los padres católicos críen a sus hijos para que conozcan nuestra fe al ser buenos modelos a seguir y profundizar su propia fe.

—*Jo Ellen Mosher*

Ver a la Iglesia levantarse y ser el faro para ministrar a las personas lastimadas. Nuestra sociedad está muy perdida y necesita las verdades que enseña la Iglesia. Esta ha sido catalogada como «obsoleta», «aburrida» y «una institución abusiva», y es difícil lograr que la sociedad se tome en serio a la Iglesia. Mi esperanza es que podamos llegar a tocar a las personas que necesitan curación, a ser líderes en curación, educación, asistencia a los pobres y protección de los vulnerables.

—*Carla Dill*

¡Mi más profundo deseo y esperanza para el futuro es la conversión de los corazones a Jesús! He empezado a rezar una novena diaria por esta petición. ¡Para que todos los pueblos del mundo se alejen del odio, la mezquindad, la guerra y la violencia y abracen el amor, la bondad, la compasión y la paz! Rezo por mi esposo, mi hija, mis familiares y mis amigos, para que elijan conscientemente tener a Dios en sus vidas diarias, ¡abrazándolo todos los días! No solo cuando las cosas van mal, sino porque debes estar en una relación con Él en todas las cosas.

—*Barbara Moore*

Que el rosario se convierta en un medio mundial de oración.

—*Gloria Walker*

Mi esperanza para el futuro del catolicismo es que quienes estamos en el barco, no miremos hacia abajo a las olas rugientes que intentan volcarnos, sino que mantengamos nuestros ojos fijos en el Señor, fortalecidos por la Eucaristía y el rosario.
—*Dorothy Rodgers*

¡Mis esperanzas para el futuro son grandes! Cuando veo a los hijos a quienes enseño en la educación religiosa de la escuela secundaria o a mis hijos, veo brillo por ahí. Escucho los mensajes, tuiteos y videos del Santo Padre, y sé que otros como yo pueden ver el brillo al final de la oscuridad. Mis esperanzas recaen en el concepto de que los jóvenes de hoy ven los buenos ejemplos de adultos y los emulan. Deberíamos tener grandes esperanzas, pues se *harán* realidad.
—*Brendan Bagley*

Mi esperanza para el futuro es que todos puedan experimentar el amor de Dios a nivel personal.
—*James Conner*

Mi esperanza como católico para el futuro es que valoremos la importancia de emular a Cristo en todo lo que hacemos. Al hacer esto, enviaremos un poderoso mensaje evangelizador que llevará a las personas a Cristo. Eliminar la corrupción y la falta de comportamiento cristiano por parte del liderazgo católico aumentaría dramáticamente la influencia católica en llevar a la gente a la Iglesia y, por lo tanto, a Cristo.
—*Fred Stransky*

Mi esperanza es que todos los católicos renuncien a tratar de tomar sus propias decisiones y recen para que el Espíritu Santo

los guíe. ¡Ruego que veamos los domingos y los días santos no como días de obligación, sino como días santos de oportunidad!
—*Michael Giobbi*

Mi esperanza para el futuro es que podamos crecer como Iglesia para ser mejores discípulos, mejores evangelistas, mejores sirvientes, mejores amantes y mejores rezanderos.
—*James Smrecek*

Mis esperanzas para el futuro son bastante simples, pero grandiosas: que el mundo entero sea tan convertido por el Evangelio de Jesucristo que haya una conversión radical al *amor*, de modo que el cielo viva en la tierra. Esta es mi mayor esperanza para mí, mis hijos y mis nietos. Todo comienza con cada uno de nosotros. Debemos convertirnos tan radicalmente en discípulos de Jesucristo que nuestras propias vidas convenzan a otros de la necesidad de la conversión *hoy*. Debemos convertirnos en *amor* personificado.
—*Peggy Rowe-Linn*

El mundo de hoy puede parecer muy sombrío. La esperanza es difícil de alcanzar, pero veo a muchos maestros y programas increíbles disponibles para nosotros, como Dynamic Catholic, que son emocionantes. Como católica, espero también la intercesión de Nuestra Señora.
—*Cathy Ludwick*

Hoy hemos bautizado a nuestro cuarto hijo y, mientras estaba allá escuchando las promesas de la Iglesia católica, sonreí, sabiendo que lo tenemos todo aquí. Dios es muy asombroso y amable con nosotros. Al terminar la misa de hoy, toda la iglesia se llenó con el llanto de muchos niños pequeños, ¡ya que terminó un poco más tarde de lo esperado para aquellos que no sabían que había un bautismo hoy! Mi esposo y yo sonreímos y dije: «¡Este es el futuro de la Iglesia, y lo es en grande!». Ruego para que esta magnitud y entusiasmo continúen de modo que nuestros hijos, nietos y las generaciones posteriores tengan realmente un lugar al cual llamar hogar, para que puedan entender por qué practican la fe y que realmente la abracen con toda la alegría, la audacia y la fe de un niño. ¡Que nuestra Iglesia sea verdaderamente encendida y arda en llamas!

—*Melissa Winner*

Mi esperanza para el futuro de la Iglesia es que todos los católicos crean en la verdadera presencia de Cristo en la Eucaristía.

—*Kathy Komaromy*

Espero que todos hagamos de Dios lo más importante de nuestras vidas. Espero que haya una mayor asistencia a la misa y a otros servicios religiosos, así como un mayor respeto. Espero que entendamos la importancia de las cosas pequeñas, como arrodillarnos frente al altar, llegar a tiempo, no salir antes de que termine la misa, y apreciar la belleza y la importancia de los sacramentos, especialmente la Eucaristía.

—*Mary Knesis*

Como católica, mi esperanza para el futuro es que nosotros, la raza humana, lleguemos a saber y a entender que somos una familia que comparte nuestro hogar común, la Tierra. Que nuestros corazones estén tan llenos de amor que nos veamos obligados a cuidar a todos y cada uno de los miembros de nuestra familia, y de cuidar con alegría nuestro hogar compartido. Durante el tiempo que estemos aquí, ¡deberíamos estar en un ensayo general para el cielo!

—*Marcia McMillen*

Tengo mucha esperanza para el futuro como católica. Siento que podemos salvar al mundo.

—*Marie Norton*

Me siento esperanzada al ver a las familias jóvenes celebrar nuestra fe de muchas maneras. ¡Recientemente, una pareja joven que conozco incorporó una hora de Adoración como parte de su ensayo matrimonial! ¡Eso es ESPERANZA!

—*Barbara Botti*

Mi esperanza para el futuro es que el Espíritu Santo pueda reavivar los corazones y las mentes de tantos católicos que no tienen una relación con Jesús. Nunca es demasiado tarde.

—*Nick Riebsomer*

Como católica, mis esperanzas para el futuro son que el Corazón Inmaculado de María triunfe y que tengamos una nueva primavera en nuestra Iglesia con un auge de vocaciones y familias santas.

—*Nombre retenido*

Espero que las personas puedan ver el gozo de la Iglesia, y que la Iglesia pueda experimentar un «cambio de marca» como un hogar acogedor y lleno de amor.

—*Sarah Thomas*

Como católica, mi esperanza para el futuro es que sigamos comprometiéndonos con la generación más joven. Me encanta ver a las familias jóvenes en la misa, y especialmente a los padres comprometidos, que se unen para ser el jefe de la familia en la fe. Todo comienza con la familia.

—*Pauline Teahan*

Mi esperanza para el futuro es que respondamos al llamado de la Iglesia católica para lograr la justicia social en el mundo. Espero que podamos ser la voz principal contra el tráfico humano y acabar con la esclavitud. Al responder a esta atrocidad con misiones de rescate en todo el mundo para quienes han sido esclavizados, los ministerios que evitan que los vulnerables caigan en la trampa de los depredadores y trabajan para convertir los corazones de los traficantes, los católicos pueden curar muchas heridas y erradicar buena parte del mal de este mundo. Imaginen la transformación de la imagen de la Iglesia que lucha todavía por recuperarse de los escándalos del pasado al ser la respuesta a tantas oraciones por la libertad y al ser un lugar seguro.

—*Megan Proctor*

Mi esperanza para el futuro es una Iglesia católica vibrante, invitadora, energizada y que defienda la verdad, la justicia y la bondad. Quiero que la Iglesia sea un faro de esperanza y luz en el mundo. Que seamos pacificadores y amantes de todas las personas es mi esperanza más querida. Ser un conducto del amor de Dios es nuestra misión.

—*Carole Ambroziak*

A medida que vislumbro el futuro de la Iglesia católica, me siento muy energizada por la juventud. Creo que la fe católica en nuestros jóvenes se está fortaleciendo más que en las últimas décadas. Las imágenes e historias de la Jornada Mundial de la Juventud son inspiradoras. Los grandes ejemplos en mi propia parroquia, que está involucrada en grupos de jóvenes, sirviendo en la misa y asistiendo a retiros, me producen una gran esperanza. Rezo para que su presencia activa y energía influyan en los demás, y para que inculquen su amor por Dios y por la fe en las generaciones venideras.

—*Lesley O'Rourke*

Mi esperanza para el futuro es que la Iglesia católica pueda mantenerse en pie y hacer el tipo adecuado de difusión para que todos sepan y quieran saber qué estamos haciendo para tener un impacto tan positivo en nuestro mundo. Creo que el Papa Francisco está trabajando arduamente para ese fin, mostrando lo que son el amor incondicional, la paz y la santidad humana. Con suerte, las personas se detendrán y escucharán para ver lo fácil que es vivir en un mundo de paz y armonía, y realmente les importe marcar una diferencia. ¡La única manera de hacer esto es abrazar a Cristo!

—*Molly Morgan*

Me impresionó la encíclica de San Juan Pablo II *Hacia el tercer milenio*, donde habla sobre una «nueva primavera» del cristianismo. En ese momento pensé, *¿En qué está pensando él?* Me pareció (cuando el escándalo de abuso sexual afectó a tantas diócesis) que las cosas estaban mal y que probablemente empeorarían. Sin embargo, después de considerar lo que escribió el papa, comencé a recordar algunas de las asombrosas profecías que se encuentran en las Escrituras: Jonás, las profecías a David, las palabras de Jesús a Pedro y el relato de Pablo a los romanos «donde el pecado abunda, la gracia abunda aún más». A la luz de estas Escrituras, comencé a pensar de un modo diferente. Si los ninivitas pudieron convertirse tan rápido, ¿por qué no podría hacerlo nuestra «cultura de la muerte»? Si Pablo es un testigo confiable de lo que Dios puede hacer, deberíamos estar en una ola, en un tsunami de gracia que pueda mover mentes y corazones con un poder imparable. Creo que veremos montañas movidas en este milenio, o tal vez en nuestras vidas, si somos dóciles ante el Espíritu Santo.

—*Fred Schuhmann*

Como católica, espero un mundo con más santos, donde las personas más corrientes vivan vidas que busquen la santidad. Rezo para que cada persona sepa lo amada que es y, lo que es más importante, acepte eso en su corazón. El amor de Dios puede transformar nuestras vidas y llevarnos a una autoconciencia que nos hace libres. Esta libertad nos ayudará a convertirnos en la mejor versión de nosotros.

—*Laura Becerra*

Espero una Iglesia, empezando por mi parroquia, que se eduque bien en la fe y se esfuerza por aprender más y experimente más en la oración. Quiero que mis feligreses entiendan que Dios es poderoso, que tiene un plan para cada una de sus vidas, y que quiere interceder en su nombre si se lo permiten. Dada esta fuerza de conocimiento y experiencia, también quiero que impregne las vidas de sus amigos, familiares y compañeros de trabajo. Quiero que les guste ir a misa. Y aunque los tiempos son difíciles y tenemos muchos desafíos en nuestra Iglesia actual, quiero que la Iglesia se aferre a la esperanza de que algo increíble está por suceder.

—*Padre David Aufiero*

Como católica, mi esperanza para el futuro es que los jóvenes padres católicos sean valientes al estimular la fe en sus hijos. Nuestra sociedad nos dice que nuestros niños necesitan participar en múltiples actividades, pero a medida que nuestras familias jóvenes se mantienen ocupadas, Dios se queda por fuera. Los jóvenes padres católicos pueden reaccionar y adoptar un enfoque diferente. Los niños deben tener tiempo para jugar, soñar y dormir. Las familias deben tomarse un tiempo para unirse, trabajar juntas y aprender sobre su fe católica. Los padres, especialmente, necesitan encontrar su voz como líderes espirituales de la familia. Con demasiada frecuencia, la orientación espiritual se deja completamente a las madres. Los niños pueden sentir si uno de los padres tiene una actitud mediocre y gravitarán hacia la salida fácil. La crianza unida, con Dios como la única audiencia de la familia, encenderá un fuego en la próxima generación de católicos.

—*Karen DeCoster*

Como católico, ¿cuáles son tus esperanzas para el futuro?

- Ser un buen católico por el resto de mi vida. (Jonás, catorce años)
- Seguir creciendo en mi relación con Dios. (Henry, doce años)
- Que mis hijos sean católicos algún día. (Greta, nueve años)
- Continuar practicando mi fe católica sin el juicio de los demás. (Agnes, catorce años)
- Que nuestros hijos sigan practicando como católicos, y que todos nuestros nietos sean criados en la fe. (Autumn, esposa y madre)
- Que el mundo regrese al enfoque predominante del amor de Dios y el amor por los demás, en vez de centrarse en el amor por uno mismo, y que la Iglesia Católica en este país y en todo el mundo siga siendo un faro de ese amor desinteresado. (Jess, esposo y padre)

—*Familia Sweley*

Como joven católica y activa, espero que los jóvenes encuentren la belleza en la Iglesia. Siento que las personas de mi edad (de dieciocho a veintidós años) son rechazadas porque piensan que la tradición es demasiado antigua y no le dan una oportunidad a la misa. Espero que los jóvenes adultos encuentren un significado en la misa, y que los sacerdotes y los líderes de la Iglesia de esta época puedan encontrar formas modernas para hacer que los jóvenes sean conscientes del genio del catolicismo.
—*Kayla Kroger*

Espero crecer cada día en la mejor versión de mí y de la persona que Dios me llama a ser. Espero criar hijos que conozcan a Jesús

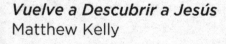

Plenamente Tú
Matthew Kelly

Obtén una copia GRATUITA en **DynamicCatholic.com**.
Envío y manejo ino incluidos.

NOTAS

NOTAS

Redescubre el Catolicismo
Matthew Kelly

Obtén una copia GRATUITA en **DynamicCatholic.com**.
Envío y manejo ino incluidos.

¿ALGUNA VEZ TE HAS PREGUNTADO CÓMO PODRÍA LA FE CATÓLICA AYUDARTE A VIVIR MEJOR?

¿Cómo podría la fe ayudarte a encontrar una mayor *dicha* en tu trabajo, a *administrar* tus finanzas personales adecuadamente, a *mejorar* tu matrimonio o a ser un *mejor* padre o madre de familia?

¡HAY GENIALIDAD EN EL CATOLICISMO!

Cuando vives el *catolicismo* según su designio, cada área de tu vida se eleva. Puede ser que te suene demasiado simple, pero se dice que la *genialidad consiste precisamente en tomar algo complejo y simplificarlo.*

Dynamic Catholic se inició con un sueño: ayudar a la gente común a descubrir la *genialidad del catolicismo.*

Estés donde estés a lo largo del camino, queremos ir a tu encuentro y caminar contigo, *paso a paso*, ayudándote a descubrir a Dios y a convertirte en *la mejor versión de ti mismo.*

Para encontrar otros valiosos recursos, visítanos en línea en DynamicCatholic.com.

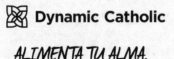 Dynamic Catholic

ALIMENTA TU ALMA.